Linguaggio del Corpo

Come capire le persone e i loro comportamenti attraverso la comunicazione non verbale

Vincenzo Colombo

Copyright 2020 - Vincenzo Colombo. Tutti i diritti riservati.

Le informazioni contenute in questo libro sono di carattere informativo e generico, pertanto devono solamente essere usate a scopo didattico e NON per diagnosi su sé stessi o su terzi, NON per scopi terapeutici, NON per automedicazione. Gli autori non si assumono responsabilità per danni, di qualsiasi natura, che l'utente, attingendo le informazioni da questo report, potrebbe causare a sé stesso a o terzi, derivanti da uso improprio o illecito delle informazioni riportate, o da errori e imprecisioni relativi al loro contenuto, o da libere interpretazioni, o da qualsiasi azione che il lettore possa intraprendere autonomamente. Qualsiasi riproduzione non autorizzata di questo libro, in qualsiasi formato, è severamente vietata.

Indice:

INTRODUZIONE — 4

LA COMUNICAZIONE VERBALE, PARA-VERBALE E NON VERBALE — 9

L'IMPORTANZA DEL LINGUAGGIO DEL CORPO E DELLA SUA INTERPRETAZIONE — 16

LESSICO CORPOREO: GLI ELEMENTI FONDAMENTALI — 23

COME UTILIZZARE IL LINGUAGGIO DEL CORPO PER AVERE SUCCESSO — 78

ESERCIZI E CONSIGLI — 124

CONCLUSIONE — 131

Introduzione

"La verità è scritta sul nostro volto."
Tagline della serie TV *Lie to Me*

L'interesse per la comunicazione non verbale non riguarda più, ormai, i soli professionisti del settore: l'attrazione e la curiosità nei confronti di questa tematica investono sempre di più anche i mezzi di cultura di massa come il cinema, la televisione e la letteratura, godendo di una crescente popolarità presso il pubblico. Gli appassionati di serie TV lo avranno di certo notato: negli ultimi anni si sono susseguite numerose produzioni di successo che hanno come soggetto centrale l'interpretazione del linguaggio del corpo ed i suoi utilizzi nell'ambito della psicologia, in particolare di quella criminale; d'altronde si tratta di una disciplina che presenta l'indubbio pregio di potersi integrare alla perfezione con il genere thriller-poliziesco, da sempre molto popolare anche presso il pubblico generalista, offrendo diversi spunti per conferire una maggiore profondità psicologica ed emotiva ai personaggi, come anche per rendere più avvincenti e sfaccettate le indagini effettuate sui presunti colpevoli.

Com'è naturale che sia, un prodotto pensato per l'intrattenimento offre una visione romanzata e semplificata della tematica in questione, che viene inevitabilmente adattata per le esigenze di sceneggiatura, con l'obiettivo di garantirne la scorrevolezza; in ogni caso, alla base degli eventi e nelle dinamiche rappresentati in questa particolare tipologia di serie televisiva è possibile individuare un fondamento scientifico solido e corroborato da argomentazioni elaborate nel corso degli ultimi decenni da eminenti esperti nel campo.

Una delle serie TV americane più popolari degli ultimi anni, *Lie to me,* ha potuto vantare, nelle fasi di ideazione e stesura, la stretta collaborazione di uno dei più autorevoli esperti mondiali sull'interpretazione delle micro-espressioni facciali, lo psicologo Paul Ekman, il quale, tra le altre cose, ha lavorato a stretto contatto con la polizia e l'FBI in qualità di consulente esperto in comunicazione non verbale. La figura del protagonista della serie è stata delineata, per l'appunto, sulle esperienze professionali dello stesso Ekman: il dottor Cal Lightman, interpretato da Tim Roth, è un consulente esperto nell'interpretazione della mimica facciale e del linguaggio del corpo, ed utilizza le sue competenze per affiancare detective ed agenti nelle fasi d'indagine, alla ricerca di segnali impercettibili che tradiscano gli indagati e che rivelino la verità celata dietro le loro menzogne.

Come è stato dichiarato dallo stesso Ekman, la lettura delle micro-espressioni facciali è una tecnica dalle modalità estremamente più complesse rispetto a quelle rappresentate nella realtà fittizia della serie, essendo caratterizzata da tempistiche molto più lunghe e soggetta, naturalmente, a possibili errori di valutazione. Tuttavia, analogamente a quanto accade nello sceneggiato televisivo, è possibile, anche nella realtà, estrapolare un gran numero di informazioni dalla persona che abbiamo di fronte, semplicemente interpretandone le espressioni e le gestualità corporee, molte delle quali sono impercettibili ad un occhio non attento o non allenato. Nel 1978, Paul Ekman è stato co-responsabile, insieme allo scienziato W.

Friesen, dell'introduzione della nota tecnica del *Facial Action Coding System (FACS),* utilizzata per identificare lo stato emotivo interno e le sensazioni di una persona esaminata tramite l'analisi delle micro-espressioni facciali, caratterizzate da una durata brevissima, quasi fulminea, e che necessitano di un'opportuna preparazione per essere decodificate.

Si tratta di un dato ampiamente dimostrato: possiamo mentire con le nostre parole, ma non con nostro il corpo. È estremamente arduo celare ad un osservatore esperto ed attento il nostro reale stato emotivo, che tende, inevitabilmente, a trapelare dai nostri movimenti e dalla nostra espressività corporea; mantenere un controllo saldo e totale del proprio corpo per un tempo prolungato è un'impresa assai difficoltosa, soprattutto in una condizione di stress emotivo o fisico: possiamo lavorare per ottenerlo solo mediante un'attenta e costante osservazione di noi stessi e degli altri, accompagnata da un lungo percorso costituito da esercizi di auto-analisi ed auto-controllo.

Una maggiore consapevolezza ed una conoscenza approfondita del linguaggio corporeo ci consentiranno, quindi, non solo di leggere e decodificare i segnali che le persone che ci circondano non vogliono, non riescono o non possono comunicarci apertamente, ma anche di operare un maggiore controllo su noi stessi: gestire al meglio il proprio linguaggio corporeo, ci permetterà, infatti, di filtrare i messaggi che potremmo, inconsapevolmente, trasmettere al nostro interlocutore, generando di conseguenza impressioni contraddittorie o negative, oppure permettendogli di comprendere qualcosa di intimo e privato che vorremmo tenere solo per noi stessi.

La lettura del linguaggio del corpo costituisce, allora, una grande risorsa ed opportunità da affiancare al nostro intuito naturale, per affinarlo e guidarlo verso una comprensione maggiore, più attenta ed approfondita dell'espressività corporea umana; questo ci consentirà di vivere con un atteggiamento più positivo la nostra socialità, traendo il meglio da ogni situazione e gestendo in maniera costruttiva gli eventuali momenti di tensione.

La comunicazione verbale, para-verbale e non verbale

"La comunicazione avviene quando, oltre al messaggio, passa anche un supplemento di anima." - Henri Bergson

La comunicazione verbale tra esseri umani è, per forza di cose, vincolata alla conoscenza comune di un particolare idioma: si rivelerà impossibile veicolare dei messaggi verbali parlando una lingua che il nostro interlocutore non conosce. Eppure non è raro che ci si riesca ad intendere in ogni caso, anche quando non si comprenda una sola parola della lingua dell'altro: com'è possibile? La ragione è presto detta: il linguaggio del corpo è una forma espressiva in grado di travalicare le barriere culturali e linguistiche che limitano, invece, le parole. Quante volte, magari in vacanza, capita di doversi esprimere necessariamente con i gesti? Si fa una certa fatica, certo, ma il più delle volte, se chi ci sta di fronte è disposto a collaborare, riusciamo a farci capire con successo. Non è raro, poi, che tra due persone scocchi la scintilla dell'amore anche quando non comprendano nulla di quello che l'altro dice: le parole in fondo servono a poco, in questi casi.

Uno degli aspetti di maggiore interesse che caratterizza lo studio della comunicazione non verbale è costituito, per l'appunto, dal suo carattere tendenzialmente universale: le persone che parlano idiomi differenti troveranno impossibile comunicare con le parole, ma l'espressività corporea rappresenta spesso una zona franca entro la quale è possibile creare canali comunicativi che prescindano totalmente dalla lingua e dalla cultura di appartenenza.

Il linguaggio verbale, quello che si parla solo con le parole, costituisce solo uno degli aspetti che caratterizzano la comunicazione interpersonale tra due o più individui e, ormai ne siamo certi, non si tratta nemmeno del più importante; tendendo a focalizzarci eccessivamente sul mero aspetto contenutistico dei messaggi che riceviamo e trasmettiamo, rischiamo di trascurare i vari fattori che costituiscono la comunicazione non verbale. Se dovessimo quantificare in percentuale l'incidenza delle differenti forme di comunicazione nelle interazioni umane, saremmo sorpresi dall'enorme ruolo che viene ricoperto dalla componente non verbale; secondo svariati studi di linguistica e di psicologia, una grande percentuale della nostra comunicazione quotidiana è non-verbale o para-verbale, quindi veicolata dal linguaggio del corpo e dal tono della voce più che dai contenuti propriamente linguistici. Per dare dei numeri: uno studio molto noto e citato condotto negli anni settanta dallo psicologo statunitense Albert Mehrabian, rivela che, nella situazione in cui un messaggio comunicato verbalmente non sia percepito come coerente con quanto espresso dal linguaggio del corpo, quest'ultimo acquisisce una valenza preponderante nella valutazione del messaggio stesso rispetto alla comunicazione linguistica verbale, fino a determinare addirittura il 97% del contenuto recepito. In altri termini, se durante la comunicazione di un determinato messaggio le parole, il tono di voce e l'espressività corporea non risultino "allineati" e coerenti, questi ultimi due fattori assumeranno per l'interlocutore un valore più importante rispetto al mero significato parole proferite e condizioneranno in maniera decisiva la ricezione del messaggio.

La capacità di esprimersi efficacemente per mezzo di un linguaggio verbale strutturato è una delle caratteristiche fondamentali che differenzia l'uomo dalle altre specie: le possibilità umane sono di gran lunga più sofisticate ed elaborate rispetto a quelle degli altri animali, anche di quelli più evoluti, che pure possiedono delle forme di linguaggio ben articolate. Tuttavia, non bisogna dimenticare che questa peculiarità propria dell'essere umano è una conquista evolutiva relativamente recente: prima di sviluppare la capacità di esprimersi verbalmente, la nostra specie aveva sviluppato e strutturato sistemi di comunicazione differenti, pre-linguistici e quindi non verbali, che ancora oggi portiamo con noi, come eredità biologica e genetica della quale non possiamo disfarci, neanche se lo volessimo, e che condividiamo con un gran numero di specie animali. Non è un caso che uno dei primi scritti dedicati all'argomento *"L'espressione delle emozioni nell'uomo e negli animali"*, scritto da Charles Darwin nel 1872, prenda in esame, come si evince con facilità dal titolo, l'espressività umana in comparazione con quella animale, istituendo un significativo parallelismo tra i due mondi e ponendoli in uno stretto contatto. Da questo complesso bagaglio biologico non possiamo in alcun modo prescindere al fine di comprendere appieno il comportamento umano, anche quello dell'uomo moderno, tecnologico e civilizzato, del terzo millennio.

Non vi è alcun dubbio sul fatto che un grande numero di gesti e comportamenti sia da attribuire a fattori di natura culturale e sociale: è noto che il medesimo segno possa avere significati divergenti e talvolta antitetici nelle diverse aree geografiche del mondo e che quindi sia opportuno fare attenzione ed avere il dovuto tatto quando si viaggia o si interagisce con persone di culture diverse, non dando mai per scontato che medesimi gesti debbano assumere, necessariamente, lo stesso valore semantico. Per fare un esempio: la vasta gamma di gesti propri dell'espressività italiana costituisce una peculiarità propria della cultura che l'ha sviluppata, difficilmente comprensibile dal di fuori senza averla, dapprima, studiata ed appresa.

Tuttavia ciò che ci unisce come esseri umani è incredibilmente più vasto rispetto a quello che ci divide: è stato provato come ci sia, tra tutte le etnie, una sostanziale corrispondenza delle mimiche facciali in relazione all'espressione delle emozioni fondamentali; saremo in grado di decodificare in qualunque parte del mondo il volto spaventato o arrabbiato di una persona, a prescindere della sua cultura di appartenenza, dal momento che sarà caratterizzato dalla nostra stessa e identica espressività facciale. La maggior parte delle emozioni viene, quindi, espressa in maniera analoga in ogni cultura, prescindendo da qualsiasi connotazione linguistica ed etnica; gioia, paura, rabbia, disgusto, tristezza, sorpresa: queste emozioni fondamentali, insieme a molte altre da queste derivate, rispondono a determinati automatismi espressivi, e chiunque, universalmente, è in grado di decodificarle con un margine di errore molto ridotto.

Siamo capaci di leggere il volto degli altri sin dalla prima infanzia: infatti, il riconoscimento di alcune espressioni fondamentali si configura come una capacità innata, come bagaglio biologico di cui tutti gli esseri umani si avvalgono sin dai primi giorni della loro vita: anche i neonati sembrano, infatti, saper riconoscere le emozioni degli altri attraverso l'espressività dei loro volti, che poi impareranno in modo automatico a riprodurre grazie all'attivazione dei cosiddetti neuroni specchio.

L'importanza del linguaggio del corpo e della sua interpretazione

«Le tue azioni parlano così forte che non riesco a sentire quello che dici.»

- Ralph Waldo Emerson

Nell'epoca nella quale ci troviamo a vivere, una larga parte della comunicazione interpersonale è affidata a strumenti elettronici: telefonate, messaggistica istantanea, e-mail, social networks e così via. Si tratta di un avanzamento tecnologico che ha segnato, senza dubbio, un incredibile passo in avanti per quanto riguarda la velocità e la frequenza delle nostre interazioni sociali, sia quelle che attengono alla sfera privata, sia quelle relative al lavoro. Mai nella storia dell'uomo vi è stata "tanta" comunicazione come ce n'è oggi: ogni giorno viene scambiata una mole incalcolabile di dati attraverso l'intero pianeta, ad una velocità che fino a pochi anni fa sarebbe stata davvero impensabile. Queste possibilità ci hanno reso, indubbiamente, più vicini, ma spesso questo nuovo tipo di relazionalità "virtuale" sembra affermarsi a scapito della prossimità corporea e della vicinanza reale. Possiamo chiamare al telefono, con relativa facilità, una persona che viva dall'altre parte del mondo, mantenendo una costanza nei rapporti che fino a qualche tempo fa sarebbe risultata impossibile, ma, al contempo tendiamo sempre di più a non cercare il contatto fisico e reale con le persone che, invece, avremmo la possibilità di incontrare dal vivo, preferendo magari una comunicazione a distanza. Non dobbiamo dimenticare che una comunicazione che prescinda dalla prossimità fisica e dal contatto corporeo ci priva di un interscambio di segnali che risultano di fondamentale importanza per capire il nostro interlocutore ad un livello più profondo ed intimo, e per farci intendere a nostra volta; questo tipo di interazione a distanza rischia di appiattire la conversazione al mero dato verbale che, come abbiamo detto, rappresenta solo una delle diverse componenti di cui è costituita la comunicazione interpersonale, lasciando in questo modo da parte ed inesplorati alcuni degli aspetti fondamentali per una comprensione completa dell'altro e delle sue emozioni.

L'impossibilità di scrutare il volto altrui, di valutare i suoi movimenti, i suoi gesti, la sua cinesica in generale, il suo modo di porre il corpo nei nostri confronti, renderanno impossibile valutare gli elementi non verbali della sua comunicazione, precludendoci, quindi, di compiere una serie di considerazioni di grande, imprescindibile importanza. E, purtroppo, l'utilizzo di faccine ed emoticon nei messaggi o nelle chat, non potrà mai costituire un surrogato dell'espressività facciale.

Non solo le nostre emozioni e sensazioni: in fondo anche la nostra storia personale nella sua interezza è scritta sul nostro corpo, occorre solo imparare a leggerla. Vi sono numerose correnti di pensiero, in psicologia ed in psicoanalisi, che più che ad un binomio di mente e corpo, si riferiscono all'essere umano come ad un "Uno psicosomatico"; secondo questa impostazione, che supera il dualismo cartesiano, il legame che unisce corpo e mente, *soma* e *psyche*, è talmente forte ed inscindibile che nell'espressione corporea possiamo leggere non solo un'emozione momentanea, ma i tratti caratteriali e le esperienze che hanno formato un individuo nel corso degli anni. Il corpo ed i suoi movimenti costituiranno, quindi, una sorta di biografia vivente dei nostri personali vissuti, recando una traccia permanente di ciò che ci ha segnato nel bene e nel male, di ciò che ci ha traumatizzato, di ciò che ci ha plasmato negli anni fino a farci diventare quello che siamo. Tutto questo profluvio di informazioni sarà negato da un rapporto che prescinda dalla presenza fisica, privandoci della possibilità di capire veramente la persona con cui parliamo.

Il nostro corpo comunica costantemente con il mondo esterno, a cui è legato in un'interrelazione insopprimibile: interagisce, decodifica messaggi e li trasmette a sua volta; questo interscambio avviene spesso e per larga parte a livello inconscio ed involontario, senza quindi che la nostra coscienza ne sia neppure coinvolta. Noi tutti leggiamo già il linguaggio del corpo altrui e siamo a nostra volta scrutati da chi ci circonda: è una caratteristica innata ed insopprimibile dell'essere umano. Trattandosi di un automatismo legato all'istinto naturale, spesso messo in atto in maniera frettolosa ed inconsapevole, molte delle valutazioni che il nostro intuito elabora e ci comunica sono poco accurate e poco costruttive; capita di continuo di essere incapaci di render conto dei nostri giudizi argomentandoli in maniera razionale. Quante volte non sappiamo dar conto del perché qualcuno abbia suscitato la nostra antipatia? O del perché, al contrario, di qualcuno sentiamo di poterci fidare ciecamente? In molti casi farsi condizionare dalle prime impressioni può essere deleterio, soprattutto quando è necessario istaurare un rapporto con la persona in questione, magari per ragioni lavorative.

Discipline come la psicologia, la sociologia, le neuroscienze e l'antropologia ci offrono, al giorno d'oggi, dei validi strumenti interpretativi da affiancare alle nostre capacità innate, da considerarsi comunque fondamentali ed imprescindibili; una maggiore consapevolezza ed una comprensione più approfondita dell'espressività corporea, della nostra come di quella degli altri, può rivelarsi una *soft skill* decisiva per trarre il meglio dai nostri rapporti interpersonali e garantendoci una gestione proficua e serena di ogni situazione. Per raggiungere questo scopo, è importante, però, imparare a conoscersi, prendendo confidenza con la propria corporeità ed a riconoscere negli altri i segnali, talvolta anche minimi e impercettibili, che ci comunicano un messaggio che spesso è radicalmente diverso rispetto a ciò che si proferisce, magari nello stesso momento, con le parole.

Acquisire questi strumenti può rivelarsi estremamente utile in una moltitudine di situazioni differenti nelle quali possiamo venirci a trovare nella nostra quotidianità: dalla vita personale e familiare a quella professionale, dalla scuola al tempo libero.

Si tratta, inoltre, di una competenza sempre più ricercata ed apprezzata sul luogo di lavoro: non è raro che le stesse aziende organizzino corsi e seminari per i propri dipendenti allo scopo di implementarne le loro capacità di lettura della comunicazione non verbale. Un'attenta considerazione del linguaggio del corpo può, infatti, rivelarsi un passaggio fondamentale nello sviluppo di una maggiore empatia, elemento che può rivelarsi molto utile nella gestione delle problematiche lavorative e dei conflitti interpersonali, garantendo una collaborazione più efficace e la risoluzione più agevole di eventuali tensioni.

Nei capitoli che seguiranno andremo quindi ad analizzare quali siano i punti fondamentali da tenere in considerazione per cominciare ad apprendere i rudimenti di questo linguaggio potente ed arcaico che parlano i nostri corpi; vedremo, inoltre, come imparare a sfruttarlo al meglio in ogni circostanza della vita, scansionando con attenzione i segnali provenienti dagli altri e filtrando con criterio quelli che noi trasmettiamo al il mondo esterno.

Lessico corporeo: gli elementi fondamentali

"Non esistono parole più chiare del linguaggio del corpo, una volta che si è imparato a leggerlo." - Alexander Lowen

Il corpo umano mantiene un contatto costante ed insopprimibile con il mondo esterno: comunica con gli altri corpi e con l'ambiente circostante, reagisce agli stimoli ad un livello che, come abbiamo detto in precedenza, spesso esula la nostra coscienza ed il nostro controllo volontario; possiamo, però, affinare le nostre capacità di lettura ed imparare ad interpretare correttamente i segnali che gli altri corpi ci mandano, come anche a controllare quelli che noi trasmettiamo, acquisendo maggiore consapevolezza e più controllo.

Abbiamo già avuto modo di considerare come molti aspetti dell'espressività umana possano essere considerati fenomeni di portata universale e come alcuni sconfinino, addirittura, nel mondo animale. Una predisposizione innata e genetica sta alla base dell'attivazione automatica di determinati circuiti nervosi che controllano i muscoli facciali per esprimere un'emozione primaria; ogni essere umano sarà perfettamente in grado di riconoscerla nell'altro senza limiti di lingua e cultura, senza l'ausilio di un interprete o di una spiegazione verbale. Tuttavia, in svariate occasioni, interpretare il linguaggio del corpo altrui può dimostrarsi un compito assai arduo: le relazioni umane non sono quasi mai improntate alla completa sincerità e non sempre ci si trova nella condizione di potersi esprimere liberamente, a causa di svariate motivazioni di natura personale, sociale o culturale. È proprio in queste circostanze che entra in gioco l'utilità di comprendere e gestire al meglio la comunicazione non verbale. Un occhio attento ed allenato sarà capace di cogliere i segnali di un'emozione, di uno stato d'animo, di un sentimento anche quando il proprio interlocutore tenterà di dissimularli: a questo preciso scopo è stato sviluppato un sistema scientifico per decodificare le micro-espressioni del volto, il già citato FACS.

Esaminiamo ora i principali elementi di cui si occupa lo studio del linguaggio del corpo, che, a differenza di ciò che potremmo pensare, non si limita alla mera gestualità degli arti ed all'espressività del volto: per valutare chi ci sta di fronte è indispensabile considerare anche altri aspetti che tenderemmo, forse, a valutare come secondari: la postura, l'andatura, il modo di stare in piedi, la prossemica, la rigidità della muscolatura dell'intero corpo; ognuno di questi elementi concorre nel delineare i messaggi propri dell'espressività corporea. Al fine di trattare l'argomento in modo schematico, suddividiamo il corpo umano in sezioni, descrivendone le principali caratteristiche; non dimentichiamoci però che, al fine di comprendere appieno i messaggi del corpo dell'altro, la valutazione va operata sempre tenendo conto dell'insieme globale dei fattori e non focalizzandosi mai su un singolo aspetto o su una singola area corporea; concentrarsi su un unico indizio potrebbe costituire un ostacolo per la corretta lettura della situazione.

Volto ed espressività facciale

La lettura del volto della persona che ci sta di fronte è uno degli strumenti fondamentali per tentare di decodificare le sue reali emozioni, sensazioni ed intenzioni: è una tecnica che già utilizziamo ampiamente nella nostra quotidianità e di cui siamo dotati sin dalla nascita; tuttavia l'interpretazione della mimica facciale in maniera sistematica e scientifica, è una disciplina ostica e complessa, che necessita di attenzione ed esercizio. Non sempre le espressioni del volto sono facilmente decodificabili, soprattutto quando vi sia l'intenzione di celarle: in questi casi le espressioni facciali possono veicolare segnali contradditori oppure essere di una durata talmente breve da essere quasi impercettibili. È in questi casi che si parla di micro-espressioni, che si differenziano dalle normali espressioni facciali per il fatto di avere una durata inferiore al quarto di secondo. Scoperte negli anni '60, costituiscono ancora oggi un oggetto di fortissimo interesse nell'ambito della comunicazione non verbale.

Il volto umano è costituito da ben 43 muscoli differenti: come abbiamo già avuto modo di sottolineare, quando proviamo un'emozione questi si attivano secondo schemi nervosi specifici innati, che danno vita ad una particolare espressione del volto. Tuttavia, quando mentiamo e simuliamo uno stato d'animo o una sensazione non sincera, forzandoci, dunque, a manifestare con la nostra mimica facciale qualcosa di fittizio, di forzato, può accadere di non riuscire a controllare volontariamente e per tutto il tempo necessario l'intera muscolatura del volto, che lascia trapelare, in maniera del tutto involontaria e solo per una frazione di secondo (si stima tra 1/15 fino ad 1/25), le nostre reali emozioni. La difficoltà di interpretazione di questi segnali non risiede unicamente nella loro breve durata: l'elevato numero di muscoli facciali presenti sul volto umano e coinvolti nell'espressività fa sì che le micro-contrazioni (sono state contate 7 micro-espressioni di base) possano associarsi in un numero molto ampio di combinazioni (fino a 10.000), rendendo molto arduo il compito di coglierle, isolarle ed interpretarle nella maniera più corretta.

Passiamo adesso in rassegna i principali messaggi che possono essere veicolati dalla mimica facciale, prendendo in considerazione gli occhi, il naso e la bocca.

<u>Gli occhi e lo sguardo</u>

Un'attenta valutazione dei movimenti degli occhi e dello sguardo ci consente di ottenere un gran numero di informazioni sui pensieri e sulle emozioni reali della persona che ci sta di fronte: non a caso ci si riferisce spesso agli occhi come porta di accesso per l'anima (o per la mente, se lo si preferisce). Si tratta di uno degli aspetti della comunicazione non verbale maggiormente considerati quando si voglia tentare di capire se il proprio interlocutore stia o meno mentendo: un determinato schema di movimento oculare reiterato nel tempo, infatti, costituisce un formidabile indicatore di quale sia la tipologia di processo cerebrale in atto in un dato momento. Andiamo allora ad analizzare alcuni degli elementi che possono aiutarci a decodificare ed interpretare i movimenti che interessano gli occhi.

- **Direzione dello sguardo come accesso oculare:** è stato ampiamente dimostrato come il movimento oculare sia strettamente connesso con l'attività cerebrale: un determinato direzionamento dello sguardo, messo in atto più volte, per lo più in maniera inconsapevole, costituisce una traccia dell'attivazione di una precisa area del cervello:

1. il movimento verso destra in alto (**visivo costruito**) indica la costruzione creativa di un'immagine;
2. il movimento verso sinistra in alto (**visivo ricordato**) indica un'attività mnemonica, il ricordo di un'immagine;
3. Il movimento verso destra al centro (**auditivo costruito**) indica l'elaborazione creativa di un suono o di una voce;
4. Il movimento verso sinistra al centro (**auditivo ricordato**) indica il ricordo di un suono o di una voce che già conosce;
5. Il movimento verso il basso a destra (**cinestetico**) indica una sensazione in corso;
6. Il movimento verso il basso a sinistra (**dialogo interno**) indica una riflessione interna in corso.

Una precisazione importante: nel caso si stiano valutando persone mancine, occorre tener presente che le caratteristiche degli emisferi sono invertite, quindi questa schematizzazione dei movimenti oculari andrà specchiata, in quanto basata sulle caratteristiche cerebrali dei destrorsi.

La possibilità di comprendere quale sia l'area del cervello attiva in un determinato lasso di tempo ed in corrispondenza al proferimento di una certa affermazione, ci permette di carpire dati importanti sulle funzioni cerebrali in atto e, quindi, sapere se le informazioni comunicate siano attinte grazie ad un processo mnemonico oppure siano prodotte creativamente al momento; questo è uno degli strumenti più utilizzati per valutare se una persona stia o meno mentendo, dal momento che consente di capire se stia riportando avvenimenti e fatti realmente accaduti oppure se stia facendo lavorare la sua creatività per forgiare in quel momento i contenuti che ci sta comunicando.

Abbiamo preso in considerazione i movimenti oculari come indicatori dell'attività propria di determinate aree celebrali; passiamo ora a considerare gli sguardi ed i loro significati. A caratterizzare una tipologia di sguardo non è il solo movimento oculare, ma diversi altri fattori come il movimento delle sopracciglia e delle palpebre, come anche dell'attivazione della muscolatura del volto che si accompagna ad esso.

- Uno **sguardo sfuggente** o fugace può essere letto come sinonimo di imbarazzo, soggezione o timore ed è un segnale che indica la difficoltà o l'impossibilità di sostenere un contatto visivo costante e prolungato; può essere frequente nelle persone timide ed insicure, ma può essere anche interpretato come il sintomo di un forte imbarazzo dovuto ad una particolare soggezione nei confronti del proprio interlocutore; in concomitanza con altri fattori, può essere valutato come indicatore che la persona in questione stia mentendo. Evitare il contatto oculare con l'altro potrebbe essere considerato un gesto di scortesia che denota scarso interesse per le parole che si stanno ascoltando, soprattutto nel caso in cui lo sguardo sia poi rivolto ad altre persone e oggetti o se in generale si dia l'impressione di essere distratti;

- Al contrario del caso precedente, uno **sguardo fisso**, intenso e prolungato, è proprio di un carattere spigliato e sicuro di sé come anche di un interesse sincero e profondo nei confronti del proprio interlocutore; uno sguardo particolarmente prolungato nel tempo, che arriva ad essere addirittura insistente o molesto, magari accompagnato da occhi socchiusi e contrazione dei muscoli facciali (come le sopracciglia aggrottate), può essere interpretato come atto ostile ed aggressivo;

- Lo **sguardo di traverso**, obliquo o di sottecchi, è un chiaro segnale di diffidenza, di mancanza di fiducia o addirittura di avversione ed insofferenza;

- L'incapacità di mantenere il contatto visivo con l'altro, rivolgendo costantemente il proprio **sguardo verso il basso**, è un chiaro segno di sottomissione e di paura nei confronti del proprio interlocutore: guardare continuamente a terra verso il pavimento denota, infatti, la ricerca di un rifugio o di una via d'uscita dalla conversazione, che risulta evidentemente insostenibile;

- **Alzare lo sguardo al cielo**, com'è noto, è spesso indice di noia o di frustrazione; chi alza gli occhi verso l'alto mostra insofferenza o irritazione nei confronti di qualcosa o qualcuno;

- Gli **occhi sgranati** sono un elemento costitutivo dell'espressività facciale di diverse emozioni, quindi sono difficili da interpretare se non considerati in combinazione ad altri segnali del volto e del corpo: sono indice di emozioni negative quali la rabbia, la paura, lo sgomento, ma anche di emozioni positive come l'interesse e l'attrazione sessuale, oppure la sorpresa;

- **Sbattere le palpebre** con una frequenza particolarmente intensa può essere un sintomo di nervosismo e tensione, come anche di sgomento e incredulità nei riguardi di particolare situazione che si sta vivendo; anche questo elemento può essere inteso come indizio di una menzogna, dal momento che si presenta quando vi sia una generale tensione corporea; d'altro canto sbattere le ciglia può essere inteso anche come segnale di interesse ed attrazione ed è spesso utilizzato come arma di seduzione o invito al corteggiamento, soprattutto dalle donne. Si tratta, quindi, di elemento da considerare con attenzione rispetto alla situazione particolare, potendo assumere significati molto differenti o addirittura contrapposti;

- **La chiusura degli occhi prolungata** per un tempo molto più lungo rispetto a quello necessario per sbattere semplicemente le palpebre, spesso accompagnata dal simultaneo sollevamento di entrambe le sopracciglia, è un indice di chiusura, avversione o di insofferenza nei confronti del proprio interlocutore o della situazione; spesso questo gesto comunica la propria intenzione di smettere di interagire con l'altro o la volontà di fuggire mentalmente, o fisicamente, dal contesto in cui ci si trova.

Un altro elemento interessante da valutare in relazione agli occhi sono le **pupille**: la loro dilatazione è, solitamente, un chiaro segnale di desiderio, piacere ed eccitazione, anche sessuale, come di sorpresa e stupore; al contrario, la loro contrazione è indice di una sensazione di avversione e di insofferenza, che si verifica quando percepiamo qualcosa di sgradevole. Nella valutazione di questo fattore, bisogna tener ben presente che l'illuminazione dell'ambiente circostanze influisce significativamente sulla dilatazione delle pupille.

Un'ultima considerazione relativa all'area superiore del volto riguarda le **sopracciglia**: sono moltissime le espressioni facciali, sia positive che negative, che coinvolgono i muscoli dell'arcata sopraccigliare, un'area molto coinvolta nella mimica facciale.

- Le **sopracciglia aggrottate** possono essere valutate come segnale di sconcerto, dubbiosità e perplessità, ma caratterizzano anche le manifestazioni di aggressività e dolore, sia fisico che emotivo;

- Le **sopracciglia abbassate** verso gli occhi rimandano ad emozioni quali la rabbia, lo sconforto, la frustrazione o il dolore; anche in questo caso bisogna fare molta attenzione al contesto, da momento che potrebbero anche indicare che la persona in esame si stia concentrando intensamente su qualcosa, un compito oppure un oggetto;

- **Sollevare una o entrambe** le sopracciglia per un breve istante è solitamente un segnale che accompagna un saluto o un cenno amichevole rivolto a qualcuno; se mantenute alzate per un tempo prolungato il gesto può assumere il significato di grande sorpresa oppure di intensa attenzione;

In conclusione, è possibile affermare che il contatto oculare si configura come uno degli aspetti fondamentali dell'espressività facciale umana, da tenere in debita considerazione in tutte le forme di interazione sociali: è indispensabile mantenere un contatto visivo continuo ma non insistente con il proprio interlocutore; mentre invece tendere ad evitare lo sguardo altrui sarà interpretato come indice di debolezza o paura. Ma di questo parleremo più dettagliatamente nei capitoli successivi.

Bocca

I movimenti della bocca sono l'altro fattore fondamentale da tenere in considerazione nella valutazione della mimica facciale umana; le espressioni della bocca sono coinvolte, infatti, nell'esternazione di un'ampia gamma di emozioni e segnali.

Il sorriso

Il sorriso è una delle prime mimiche facciali che un neonato impara a riconoscere e riprodurre; espressione universale, innata e diffusa in tutte le culture, il sorriso è un segnale che denota benevolenza e cordialità, ed è spesso la prima interazione con la quale ci approcciamo al prossimo. Ma in cosa differiscono un sorriso sincero e uno artefatto? Ci sono dei dettagli che possono aiutarci a distinguerli? I sorrisi non sono tutti uguali, quindi dobbiamo imparare a discernere le varie tipologie per comprendere le reali intenzioni ed emozioni di chi ci sta di fronte.

- Un **sorriso sincero** e genuino (chiamato anche il sorriso di Duchenne, dal nome dello studioso che ne ha delineato le caratteristiche) lo riconosciamo dal fatto che non coinvolge solo la bocca, ma l'intera muscolatura facciale: gli occhi saranno interessati dalla formazione delle cosiddette "zampe di gallina", gli zigomi risulteranno sollevati verso l'altro e, in generale, si assisterà ad un'attivazione dell'intera espressività facciale, che risulterà coinvolta in modo simmetrico e coerente. Inoltre, un sorriso autentico è spesso caratterizzato dalla bocca aperta (più o meno a seconda delle circostanze), fino a mostrare i denti: il cosiddetto sorriso a 32 denti è quello che, notoriamente, indica una maggiore sincerità e coinvolgimento;

- Al contrario, un **sorriso artefatto**, non sincero o di mera circostanza, tende a coinvolgere solo la bocca, lasciando statica il resto della muscolatura facciale; risulta solitamente più rapido rispetto a quello sincero e spesso presenta degli elementi di asimmetria sulle due parti del volto. Se il sorriso è viene fatto mantenendo i denti stretti, o addirittura serrati, e le labbra chiuse, con tutta probabilità si tratta di un'espressione fintamente amichevole che può celare sentimenti di avversione ed ostilità.

Oltre al sorriso, sono diversi e di varia natura i segnali che è possibile captare e valutare osservando il movimento delle **labbra e della lingua;**

- **Socchiudere leggermente le labbra** senza serrarle o contrarle è, solitamente, indice del fatto che stiamo prestando la massima attenzione a ciò che stiamo facendo, vedendo o sentendo;

- **Ritrarre le labbra** verso l'interno è, invece, un gesto che denota chiusura nei confronti del mondo esterno e del prossimo, come se volessimo celarci, proteggere noi stessi e nascondere le nostre vere emozioni;

- Al contrario, **sporgere le labbra verso l'esterno**, arricciandole leggermente, in un gesto simile ad un bacio, indica interesse ed attrazione per ciò che stiamo osservando o ascoltando; se il gesto riguarda solo il labbro inferiore potrebbe, invece, essere indice di commozione o dolore;

- **Serrare le labbra** è una delle componenti che costituiscono una mimica facciale aggressiva, agitata, collerica; potrebbe essere un segnale che indica l'intenzione di attaccare il proprio interlocutore;

- **Succhiarsi o mordersi le labbra** è un segnale che denota, in generale, un sentimento di piacere ed attrazione nei confronti di ciò che stiamo percependo; d'altro canto è fondamentale, per interpretare correttamente il gesto, notare se si stiano o meno mostrando i denti: in questo caso, questa espressione può essere letta come segnale di aggressività e di sfida;

- **Spingere la lingua sulle pareti della bocca** in maniera ripetuta è un sinonimo di fastidio e di insofferenza nei confronti della situazione o del proprio interlocutore;

- **Passare la lingua sulle labbra** può essere interpretato in maniera differente, a seconda di alcuni dettagli: mostrare e far scorrere velocemente la lingua sul labbro inferiore può essere letto come un segnale di ansia e tensione, per un istintivo impulso ad inumidire le labbra per contrastare la secchezza delle fauci; un gesto più lento e ampio può, al contrario, far trapelare attrazione ed interesse, soprattutto fisico;

- **Stirare gli angoli della bocca verso il basso,** è un segnale di paura o di dolore, che può o meno essere accompagnato da altre espressioni facciali; mentre lo stiramento laterale denota un sentimento di disprezzo o di repulsione;

Consideriamo ora un movimento che riguarda i denti.

- **digrignare i denti**, ovvero sfregare le due arcate dentali tra loro, è un chiaro segnale di profondo nervosismo e tensione; è gesto che talvolta si compie in maniera totalmente inconsapevole durante il sonno. Negli stati di stress e angoscia, si è spesso portati a **mordere** o mordicchiare in maniera continua gli oggetti, come penne o matite, oppure a mangiarsi compulsivamente le unghie. Attenti a non sovrastimare queste azioni, dal momento che potrebbero essere semplicemente frutto di una cattiva abitudine.

Naso

Seppur meno coinvolto rispetto agli occhi e alla bocca nella mimica facciale, in quanto meno innervato, anche l'osservazione del naso può fornirci elementi interessanti in relazione alla valutazione delle espressioni del volto; andiamo ad esaminarli.

- Il **naso arricciato** è un segnale proprio dell'emozione del disgusto e del disprezzo; si manifesta, per lo più, accompagnato dalla contrazione di altri muscoli facciali, come ad esempio quelli della bocca e delle sopracciglia;

- Le **narici divaricate** sono, invece, un chiaro segnale che denota aggressività, insofferenza e propensione a sferrare un attacco imminente, verbale o fisico; è un elemento osservabile anche in molte specie animali;

- Il naso è molto sensibile alle variazioni della pressione dei vasi sanguigni: qualora il corpo intero sia scosso da una situazione di stress, è possibile che si percepisca un prurito o un fastidio al naso. **Toccarsi il naso** è infatti indicato come uno dei maggiori indizi rivelatori di una menzogna.

Gestualità delle diverse aree corporee

Abbiamo passato in rassegna le tante e diverse espressioni proprie della mimica del volto, tentando di fornire, per ognuna, un'interpretazione adeguata; passiamo ora a considerare nel dettaglio le restanti aree corporee, partendo dalla testa per arrivare fino ai piedi.

<u>Testa</u>

Un'attenta analisi delle posizioni e dei movimenti del capo rispetto al resto del corpo, costituiscono un altro fattore di grande importanza nella valutazione del linguaggio del corpo, da considerare, proprio come tutto il resto, in combinazione a tutti gli altri elementi.

- **Annuire con il capo** è, notoriamente, un segnale che indica approvazione per ciò che viene affermato da chi ci sta intorno; annuire con calma e spesso durante una conversazione è un gesto che trasmette attenzione e coinvolgimento nel discorso; bisogna, però, distinguere tra un movimento naturale, spontaneo e rilassato, da uno troppo veloce, nervoso ed impostato, che potrebbe denotare una certa ipocrisia oppure potrebbe essere sintomo di una certa agitazione;

- Di contro, **scuotere il capo** è un chiaro segnale di disapprovazione e negazione: è il gesto non verbale che sta per "no";

tuttavia, sorprendentemente, questo movimento non ha una valenza universale: in molte culture, infatti, scuotere il capo è un modo per annuire, per dire "sì";

- La **testa sollevata verso l'alto** sta ad indicare, il più delle volte, un atteggiamento di arroganza, altezzosità o presunzione; questa posizione del capo è strettamente connessa, infatti, allo sguardo dall'alto in basso, al gesto di squadrare criticamente il prossimo. Tuttavia non va interpretata necessariamente in chiave negativa: a seconda delle situazioni può anche denotare risolutezza, coraggio ed intraprendenza, capacità di gestire una situazione difficile;

- Al contrario, la **testa inclinata verso il basso,** china, è spesso indice di condanna e disapprovazione nei confronti del proprio interlocutore, o più in generale di un sentimento di avversione; può anche indicare uno stato emotivo cupo non necessariamente legato a chi abbiamo di fronte, come tristezza e rassegnazione;

- La **testa inclinata da un lato**, che sia il destro o il sinistro, è un segnale molto importante nella valutazione di un'interazione interpersonale: difatti si tratta di un gesto che trasmette interesse e coinvolgimento per l'altro e per ciò che sta dicendo; inoltre, piegare il collo è un chiaro segnale di fiducia e di rilassatezza, di disponibilità nei confronti del proprio interlocutore;

- Il **capo dritto e fermo** ci trasmette una sensazione di sicurezza e di tranquillità; tuttavia non muovere affatto il capo e mantenere una posizione troppo rigida e ferma, può dare l'idea di freddezza e distacco, che potrebbe mettere a disagio i propri interlocutori.

Braccia

Procediamo dall'alto verso il basso e passiamo ad analizzare gli arti superiori: le braccia.

- Le **braccia incrociate**, o conserte, sono generalmente interpretate come un gesto di chiusura o di indifferenza nei confronti dell'interlocutore o della situazione che si sta vivendo; nel caso in cui questa posizione sia accompagnata da altri segnali di chiusura, quali pugni e labbra serrate, potrebbe essere letta anche come gesto di avversione ed ostilità. Tuttavia, è un gesto da valutare con attenzione ed in considerazione del contesto nella sua totalità, poiché potrebbe trattarsi anche di una posizione assunta semplicemente per comodità;

- Possiamo individuare anche una variante di questa posizione: **incrociare le braccia afferrandole con le mani** è un chiaro indice di paura e diffidenza, trattandosi di un gesto che mira alla protezione del proprio corpo. Potrebbe anche essere parziale e coinvolgere un solo braccio, che solitamente viene afferrato all'altezza del gomito dalla mano opposta;

- Al contrario, **mantenere le braccia prevalentemente aperte** durante un incontro, una conversazione o una conferenza, è un gesto che comunica apertura, sicurezza e disponibilità: infatti, non sentire il bisogno di avvicinare gli arti al busto, come a proteggerlo, è un indicatore di tranquillità e serenità, di controllo nei confronti della situazione.

Mani

Le mani costituiscono un importante tramite per il mondo esterno: con le mani tocchiamo e manipoliamo tutto ciò che si trova all'infuori di noi. La gestualità delle mani è un formidabile mezzo di comunicazione ed è forse una delle più complesse da leggere e interpretare: alcune culture hanno sviluppato un linguaggio dei gesti molto vasto ed articolato, che spesso non è assolutamente comprensibile per chi non lo abbia appreso in precedenza. Tuttavia, vi sono molti segnali che possiamo considerare validi a livello universale e quindi analizzare nella lettura del linguaggio del corpo.

- **la stretta di mano** costituisce spesso il biglietto da visita con il quale ci si presenta agli altri, quindi assume una valenza molto importante nelle interazioni interpersonali: una stretta ferma e decisa denoterà un atteggiamento sicuro di sé e deciso, mentre una stretta insicura e debole può essere interpretata come un segnale di timidezza, imbarazzo ed insicurezza; un'ulteriore considerazione sulla stretta di mano possiamo farla in relazione all'orientamento del palmo della mano: stringere la mano con il palmo rivolto verso il basso sarà indice di aggressività e tendenza al comando, mentre il palmo verso l'alto denota disponibilità e collaborazione;

- Tenere le **mani in tasca**, soprattutto in quelle anteriori, può essere letto in chiave duplice, sia come un segnale di timidezza ed inadeguatezza, sia di un'eccessiva rilassatezza o addirittura sfrontatezza; in alcune culture, oltre ad essere un gesto maleducato, è interpretato come un chiaro affronto. Nel caso di contesti familiari e amichevoli, è un gesto che può non avere nessuna connotazione particolare, ma essere un semplice modo di mettersi comodi ed a proprio agio; mettere le mani nelle tasche posteriori può assumere una valenza del tutto diversa, dal momento che questo gesto implicherebbe lo scoprimento della parte anteriore del corpo, una posizione che denota sicurezza in sé stessi e, in alcuni casi, arroganza;

- Avere le **mani chiuse a pugno** è un gesto che denota, universalmente, aggressività ed ostilità; se il nostro interlocutore assume questa posizione con le mani, con tutta probabilità nutre rancori nei nostri confronti oppure si rivelerà in disaccordo con noi e potrebbe attaccarci verbalmente sulle nostre posizioni; in alcuni casi potrebbe addirittura essere un segnale di un imminente attacco fisico;

- Avere **mani giunte** è un chiaro segnale di tensione ed insicurezza; lo possiamo trovare in diverse varianti, a seconda dell'area del corpo sulla quale saranno posizionate le mani (volto, petto, addome, inguine); in generale, più risultano sollevate, maggiore sarà lo stato d'ansia che prova la persona in questione;

- Le **mani giunte con le dita** intrecciate sono un chiaro segnale di chiusura, diffidenza ed ansia; come del caso delle mani giunte, più le mani sono collocate verso l'alto, quindi verso la testa, più alto è il livello di tensione e timore; tenere le mani incrociate sul ginocchio, soprattutto quando si hanno le gambe accavallate, denota la tendenza a pensare molto e attentamente sulle cose;

- Le **mani giunte a guglia** (mani giunte con un lieve contatto dei polpastrelli), invece, denotano uno stato di tranquillità e sicurezza; caratterizzano spesso la gestualità di persone potenti ed autorevoli che parlano o illustrano qualcosa ai loro sottoposti;

- Portare le **mani dietro la schiena** denota un senso di forza e superiorità da parte di chi compie questo gesto: indica che la propria sicurezza ed autostima sono tali da poter lasciare scoperta la parte frontale del corpo, quella più vulnerabile; è una posizione tipica delle persone investite da un certo potere o che ricoprono dei ruoli di prestigio e di comando;

- Le **mani alzate con i palmi rivolti verso l'alto** costituiscono un gesto di sottomissione, onestà e riconciliazione, che comunica propensione alla collaborazione ed al dialogo;

- **Sfregare le mani** tra di loro è un gesto che solitamente indica la il pensiero, la prefigurazione di un piacere o di un successo di cui si godrà a breve.

Consideriamo, adesso, la gestualità delle mani nell'atto di toccare altre parti del corpo; ognuno di questi gesti ha una sua importante valenza specifica:

- **Incrociare le mani dietro alla testa,** come tutti i gesti che lasciano scoperta la parte anteriore del corpo, è un segnale che denota un'indubbia sicurezza in sé stessi e tranquillità; infatti questa posizione sarà assunta solo da chi si senta talmente sicuro di sé da mettersi in una condizione di vulnerabilità;

- **Toccarsi la testa** ripetutamente può essere interpretato come segno di preoccupazione o tensione;

- **Toccare i capelli** con le mani può assumere significati molto diversi a seconda dei dettagli che accompagnano il gesto: sistemare i capelli dietro le orecchie comunica una predisposizione alla collaborazione e l'intenzione di prepararsi all'azione; giocare con una ciocca di capelli in maniera compulsiva denota uno stato emotivo agitato e teso; sistemare continuamente i capelli, allisciandoli e spostandoli, potrebbe essere un gesto volto a trasmettere un interesse nei confronti dell'interlocutore;

- **Toccarsi o sfregarsi il naso** con le mani è un gesto spesso inteso come indice che la persona in questione stia mentendo. "Le bugie fanno allungare il naso" è un modo di dire che ha, incredibilmente, un certo riscontro scientifico: naturalmente che il naso si allunghi è un'evenienza che non si potrebbe mai verificare, tuttavia è interessante notare come il naso sia effettivamente spesso coinvolto nell'atto di dire bugie: è una circostanza probabile che, quando mentiamo, l'aumento della pressione nei capillari del naso possa indurci percepire un certo prurito, che ci indurrà a toccarlo o grattarlo. È per questo motivo che toccare insistentemente il naso con le mani, in combinazione con altri fattori, è uno dei segnali da considerare con maggiore attenzione quando si sospetti che il nostro interlocutoria ci stia dicendo delle bugie;

- anche **toccarsi la bocca e gli occhi con le mani** può essere letto come un indizio di una possibile menzogna; quando si mente, dunque, si tende a coprire il proprio volto come per celarsi, nascondersi, allo scopo, naturalmente inconscio, di non lasciar trapelare eventuali indizi sulla verità. Tuttavia, vi sono diverse modalità con le quali possiamo toccare il viso con le mani, che assumono significati molto diversi tra loro: ad esempio picchiettare le labbra con un dito può essere letto come segnale di concentrazione su sé stessi; come vedremo in seguito, toccare il viso in maniera continua ed intensa può, in certo contesti, denotare desiderio sessuale ed interesse per il proprio interlocutore; mentre invece toccarlo in maniera distratta può significare, semplicemente, disinteresse per l'altro;

- **Toccarsi le orecchie** con mani è un'azione che potrebbe indicare dubbio ed incertezza, oppure bisogno di temporeggiare su una determinata questione; porre le mani in modo da **tapparsi le orecchie** è un chiaro gesto volto a non ascoltare ed a rifiutare la situazione;

- **Toccarsi il mento con le mani**, gesto probabilmente più frequente negli uomini che nelle donne, denota uno stato d'animo pensieroso o dubbioso; la persona che compie questo gesto sta, presumibilmente, considerando con attenzione una questione interrogandosi sul da farsi e vagliando le varie opzioni;

- **Grattarsi il collo con le mani** è generalmente sinonimo di dubbio e perplessità nei confronti della situazione o delle parole del proprio interlocutore;

- Mettere la **mano sul cuore** è un gesto volto ad infondere fiducia nel proprio interlocutore, come a tranquillizzarlo delle proprie intenzioni e della propria buona fede;

- **Stringere le ginocchia con le mani,** o anche un solo ginocchio, denota uno stato di imbarazzo o di forte disagio; mentre invece appoggiarle senza esercitare pressione, indica propensione all'ascolto e disposizione all'interazione;

- **Porre le mani sui fianchi** è un gesto che solitamente accompagna una postura dritta e decisa, volta ad affermare la propria sicurezza e la propria forza; può essere letto anche come gesto di sfida, soprattutto se le mani sono chiuse a pugno.

Nella valutazione della gestualità manuale dobbiamo rivolgere una certa attenzione anche al ruolo delle **dita,** in modo particolare pollice e indice;

- Il **pollice** è il dito maggiormente coinvolto nell'affermazione della propria personalità e delle proprie idee; alcuni gesti caratterizzati dal pollice alzato sono il chiaro segnale di una grande autostima; infatti, tenere le mani in tasca con i pollici all'infuori oppure tenere le braccia incrociate lasciando alzati i pollici, sono segnali che denotano un'alta considerazione di sé stessi ed un conseguente desiderio di dominio e controllo sugli altri. È solitamente una gestualità adottata da persone che occupano posizioni di potere, mentre ascoltano o parlano con gli altri, solitamente sottoposti;

- L'altro dito da considerare con attenzione nella valutazione della gestualità delle mani è il **dito indice**: considerato il "dito del potere" è solitamente coinvolto quando si accusa qualcuno o quando si danno ordini e disposizioni. Costituisce un dato di estrema importanza considerare il verso del palmo della mano nel momento in cui si dà un ordine con l'indice puntato: se direzionato verso l'alto è più probabile che venga recepito dagli altri come ordine amichevole e costruttivo; al contrario se il palmo è verso il basso, è possibile che venga inteso come ordine autoritario. Puntare l'indice verso qualcuno è, notoriamente, un gesto di rimprovero o di accusa; mentre puntarlo verso l'alto può essere un modo per dare enfasi alle proprie parole.

Gambe e piedi

La parte inferiore del corpo, essendo la più distante dal cervello, è meno sottoposta ad un controllo vigile e cosciente da parte del sistema nervoso, quindi è più difficile da controllare; la posizione che assumiamo ed i movimenti che effettuiamo con le gambe ed i piedi possono rivelare molto del nostro atteggiamento nei confronti delle persone che ci circondano. Analizziamo ora quali possano essere le diverse configurazioni che assumono le gambe quando si è seduti:

- sedersi **accavallando le gambe all'altezza delle ginocchia** può denotare un atteggiamento di chiusura, di diffidenza, di scarsa propensione all'ascolto degli altri, o, in altri casi addirittura di timore; conclusioni analoghe si possono trarre anche nel caso di gambe incrociate all'altezza delle caviglie; in alcuni contesti, associato ad una serie di altri fattori, può essere attribuito anche ad un intento seduttivo, messo in atto soprattutto dalle donne;

- sedersi con le **gambe divaricate**, molto aperte oppure accavallate appoggiando la caviglia di una sul ginocchio dell'altra (formando un quattro con gli arti, per intenderci), è sinonimo di autostima, di controllo e di sicurezza; è una posizione che può essere letta come indice di una personalità aggressiva e dominante. Per procedere ad una metafora comparativa con il mondo animale, può costituire un'analogia della marcatura del territorio, in quanto mette in mostra l'area genitale; si tratta di una postura adottata tipicamente dagli uomini che vogliano sedurre una donna;

- **Sedersi con le gambe parallele e le ginocchia chiuse,** mantenendo le cosce particolarmente strette, è una posizione che denota profondo autocontrollo e compostezza, ma anche timore e preoccupazione; è più frequente nelle donne.

Passiamo a valutare le posizioni ed i movimenti delle gambe quando ci si trova in posizione eretta:

- Stare in piedi con le **gambe parallele ed eccessivamente strette**, mantenendo un atteggiamento composto e rigido come se si stesse sull'attenti, denota tensione, timore o preoccupazione per la situazione in cui ci si trova, o anche soggezione e reverenza nei confronti degli altri;

- Una posizione eretta che presenti le **gambe divaricate, aperte** è indice tranquillità, di rilassatezza e controllo della situazione; potrebbe essere considerata inadeguata ed eccessivamente confidenziale in contesti formali, in quanto è indice di un'eccessiva sicurezza in sé stessi;

- Quando nella posizione eretta un **piede** si venga a trovare **davanti all'altro**, indicando una precisa direzione, siamo fronte ad un soggetto che mostra impazienza per lasciare il posto in cui si trova, e la punta del piede indicherà il luogo "di fuga" prescelto;

- Anche quando si è in piedi può capitare di **incrociare le gambe:** analogamente alla posizione assunta da seduti, questo gesto indica apprensione per la situazione oppure un senso di inadeguatezza e sottomissione agli altri;

- **Spostare il peso da una gamba all'altra** in continuazione è un movimento che denota irrequietezza e nervosismo.

Ultimi, ma non per importanza, i **piedi**. Sono una delle parti del corpo che più difficilmente riesce ad essere controllata volontariamente ed a lungo, essendo l'estremità più lontana dai centri nervosi; rivolgere la nostra attenzione ai piedi, dunque, può rivelarci molte informazioni utili sul nostro interlocutore.

- **Protrarre i piedi in avanti** rispetto all'asse delle gambe quando si è seduti, è un segno di interesse e coinvolgimento per le parole dell'interlocutore;

- Se uno o **entrambe le punte dei piedi indicano l'uscita** dalla stanza o di un luogo, è possibile che la persona in questione voglia cercare un pretesto per abbandonare la conversazione oppure il posto in cui si trova, poiché si sente a disagio oppure è annoiato;

- **Ritrarre i piedi verso l'interno rispetto all'asse delle gambe**, quando si è seduti, può essere interpretato come un segnale di diffidenza e chiusura rispetto al proprio interlocutore ed alla situazione in generale;

- Un **movimento continuo dei piedi**, sia che si manifesti in posizione eretta che seduta, è un chiaro segnale di ansia e tensione, oppure di impazienza ed eccitazione: in particolare battere in modo costante la punta del piede, poggiandosi sul tallone, è un noto segnale di nervosismo; mentre invece dondolarlo freneticamente, sempre facendo leva sul tallone, è sintomo di noia e desiderio di lasciare la conversazione oppure il luogo in cui ci si trova.

Postura

La postura costituisce un altro fattore chiave per procedere ad una valutazione adeguata e completa del linguaggio del nostro corpo e di quello di chi ci sta di fronte; rappresenta un importante indice dello stato emotivo e dei tratti caratteriali, difficilmente controllabile a livello conscio, dal momento che coinvolge tutto il corpo nella sua interezza. La postura può essere valutata sia quando il soggetto sia in piedi, che seduto o sdraiato.

Quando analizziamo un atteggiamento posturale stiamo valutando un corpo nella sua totalità, considerando le modalità con le quali sono in rapporto le sue varie parti e come si rapportano con il mondo esterno e con le altre persone. Nella valutazione di una postura bisogna essere molto attenti nel differenziare le caratteristiche imputabili a elementi strutturali, fisici o derivanti semplicemente dall'atteggiamento abituale da quelle che invece possono fornirci un valido appiglio per valutare lo stato mentale ed emotivo altrui in una data circostanza; si tratta di un parametro molto ostico da valutare correttamente, dal momento che la postura riassume, per certi versi, il nostro vissuto, la nostra educazione e le nostre abitudini.

Andiamo, innanzitutto, a delineare due tipologie di atteggiamenti posturali tipici, proprie di disposizioni caratteriali ben precise:

1. **Atteggiamento depresso:** riguarda le personalità che sono caratterizzate da stati d'animo prevalentemente negativi, cupi, pessimisti e che provano di frequente

sensazioni di inadeguatezza e di imbarazzo; il corpo è percepito come pesante ed ingombrante, difficile da muovere e da coordinare; questo tende a far sì che l'atteggiamento sia curvo, afflosciato su di sé, con l'intenzione di occupare meno spazio possibile, chiuso nella protezione di braccia e gambe, che si presentato spesso incrociate;

2. **Atteggiamento dominante:** caratterizza le persone sicure di sé e positive, che si approcciano in maniera costruttiva, o addirittura aggressiva e dominante, agli altri e alla vita. Il corpo tende ad assumere una posizione eretta, di apertura, gli arti sono divaricati, non cingono mai il busto per proteggerlo; la testa è alta ed il collo teso. La tendenza di questa tipologia di soggetti è quella di occupare molto spazio intorno a sé, o comunque avere la sensazione di farlo.

Prescindendo dalle caratteristiche caratteriali che abbiamo preso in considerazione e che influenzano la postura, è possibile individuare alcune modificazioni che interessano il nostro atteggiamento generale che, volontariamente o meno, adottiamo quando interagiamo con gli altri per comunicare determinati messaggi e stati emotivi:

- La **posizione curva** è tendenzialmente associata ad uno scarso interesse per l'interlocutore o per la situazione in cui ci si viene a trovare, come anche ad un atteggiamento di sottomissione o rassegnazione: è caratterizzata da una generale chiusura dell'intero corpo verso il suo baricentro: questa tipologia di postura vede la schiena ricurva, piegata in avanti, le spalle cadenti e poco salde, un atteggiamento in generale poco solido e poco reattivo agli stimoli; anche il capo risulta chino verso il basso, mentre gli arti sono ciondolanti o incrociati; nel secondo caso è probabile che la persone nutra dei sentimenti di ostilità ed insofferenza nei confronti dell'interlocutore;

- Al contrario della precedente, una **postura eretta e simmetrica** è spesso associabile alla volontà di partecipazione ed all'interesse nei confronti degli altri, ad un sentimento di apertura e collaborazione volto all'interazione con l'ambiente circostante; è una posizione tipica di chi si senta sicuro di sé e non avverta minacce nell'ambiente in cui si trova; il corpo è reattivo agli stimoli, le spalle sono dritte ed il petto aperto, il capo protratto verso il proprio interlocutore e gli arti mobili, o comunque, tendenzialmente, non incrociati.

Una postura che risulti eccessivamente rigida ed impostata, caratterizzata da una forte tensione muscolare e dalla mancanza di naturalezza potrebbe esprimere una certa tensione o preoccupazione da parte di chi la assuma; al contrario una postura eccessivamente rilassata, assunta divaricando in maniera inopportuna le gambe ed assumendo una posizione asimmetrica e cadente da un lato, potrebbe essere interpretata come un indice di strafottenza o della volontà di esprimere indifferenza o insofferenza nei confronti della situazione.

Interessante considerare il fenomeno della cosiddetta "eco posturale": quando si è rilassati, in una situazione di comfort, si tende ad assumere la postura del proprio interlocutore, soprattutto se si tratta di una persona con la quale si ha molta confidenza: questo rappresenta un espediente molto potente per mettere a proprio agio chi ci sta di fronte.

Naturalmente, come per tutti gli altri fattori presi in esame fino ad ora, l'atteggiamento posturale va valutato attentamente in combinazione con tutti gli altri fattori al fine di procedere ad una comprensione corretta e completa della situazione.

Prossemica

Oggetto di questa disciplina è lo studio della gestione dello spazio, delle distanze interposte tra le persone e del valore comunicativo che possiamo attribuire loro.

Si tratta di uno degli aspetti fondamentali nella valutazione del linguaggio corporeo; la scelta della distanza che poniamo tra noi egli altri è un importante indice delle nostre peculiarità caratteriali, del nostro stato d'animo e delle nostre intenzioni nei confronti degli altri. Non dobbiamo dimenticare che, in questo ambito, forse molto più degli altri che abbiamo finora considerato, è determinante il condizionamento operato dall'educazione che ci è stata impartita come anche, soprattutto, dalla propria cultura di appartenenza: è noto che le diverse aree geografiche del pianeta hanno elaborato regole e convenzioni sociali molto differenti che determinano le distanze sociali; nel nord Europa, ed esempio, si tende a mantenere una distanza molto maggiore rispetto ai paesi di cultura araba o da quelli dell'area mediterranea.

Queste sono le distanze convenzionali che sono riconosciute, in linea di massima, nel mondo occidentale:

- **Spazio intimo ristretto** (distanza 0-15 cm); è riservato, in linea di massima, solo al proprio partner, o a persone con le quali si è instaurato un rapporto di totale confidenza ed intimità;

- **Spazio intimo** (distanza 15-45cm); è riservato agli amici o ai parenti molto intimi, oppure può essere contemplato in situazioni particolari come attività sportive, concerti, eventi;

- **Spazio personale** (45-120 cm); è riservato alla famiglia oppure agli amici; è la distanza che solitamente interponiamo tra noi e gli altri all'interno dell'ambiente domestico, oppure in situazioni di convivialità e di normalità;

- **Spazio sociale** (1.2-3.6 m); è la distanza interposta tra sé e la propria cerchia sociale, che può essere composta da conoscenti, parenti e colleghi di lavoro, insegnanti ed istruttori, quindi persone con le quali non si è instaurato rapporto di particolare confidenza;

- **Spazio pubblico** (oltre i 3.6m); è la distanza interposta tra sé stessi e le persone che non si conoscono o con le quali non si vogliono stabilire interazioni di alcun genere. Mantenere a questa distanza conoscenti o amici potrebbe essere interpretato come chiaro messaggio di rifiuto o di indifferenza.

È fondamentale valutare opportunamente, in ogni circostanza e contesto, l'adeguatezza della distanza che interponiamo tra noi stessi e le altre persone; per essere certi di comportarsi sempre in maniera appropriata, occorrerà adeguarsi alle convenzioni sociali e culturali del luogo in cui ci troviamo in un dato momento. Non rispettare tali regole può significare l'elaborazione di un giudizio negativo sul nostro comportamento da parte di chi ci sta intorno; nel caso di un colloquio di lavoro, di un esame o di un incontro formale, può risultare sconveniente superare la distanza minima dello "spazio sociale", facendoci risultare persone eccessivamente spavalde o irrispettose dello spazio e della privacy altrui. Al contrario, se ci troviamo in una circostanza rilassata ed informale, in famiglia, tra amici, al ristorante o ad una festa, mantenere una distanza troppo ampia potrebbe caratterizzarci, agli occhi degli altri, come persone indifferenti, chiuse o addirittura ostili. La nostra personalità ed i nostri tratti caratteriali incidono molto sul modo in cui valutiamo lo spazio esterno che ci circonda: persone più aperte e disinibite non hanno problemi ad avvicinare gli altri, anche se si tratta di persone conosciute da poco tempo; sono solitamente persone che instaurano rapporti amicali confidenziali in tempi molto brevi e che sono molto aperte riguardo loro stesse; tendono ad avvicinarsi con facilità agli altri, ad esempio abbracciando e baciando sulle guance amici e conoscenti, anche quando non vi sia un rapporto confidenziale. Al contempo vi sono persone particolarmente gelose della propria intimità e della propria privacy che tendono a dare molta meno confidenza e porre un certo spazio, reale e metaforico, tra loro stesse e gli altri, anche se si tratta di amici di lungo corso. Naturalmente non è possibile sancire definitivamente se vi sia un modo giusto oppure un modo sbagliato di valutare la propria sfera personale e la propria intimità; tuttavia possiamo affermare che sarebbe consigliabile, al fine di comportarsi sempre in maniera adeguata ed educata, rispettare, in linea di massima, le convenzioni sociali della cultura in cui ci si trova a vivere in un determinato momento e quindi non esagerare né nell'avvicinarsi né nell'allontanarsi troppo.

Elementi del linguaggio para-verbale

Un'altra componente fondamentale che condiziona in maniera decisiva la veicolazione di un contenuto verbale è l'aspetto para-verbale, o sistema vocale non verbale, ovvero tutto ciò che riguarda la "voce" con la quale diciamo qualcosa. Tono, ritmo, volume, sono tutte componenti da tenere in debita considerazione nella valutazione di uno scambio verbale, dal momento che, come il linguaggio del corpo, possono condizionare in maniera decisiva il significato delle parole.

Tono: il tono della voce è un fattore para-verbale che può conferire a medesimi contenuti verbali, alle stesse parole, significati molto diversi, addirittura antitetici; il tono di voce, che consiste, nel concreto, nelle note musicali che utilizziamo mentre parliamo, è, infatti, capace di imprimere ad un dato contenuto verbale una determinata connotazione emotiva a seconda che sia acuto, grave, squillante, monotono, deciso, insicuro etc. Un particolare tono sarà indice quindi di un certo stato emozionale che verrà colto dal proprio ascoltatore e tenuto in grande considerazione nella recezione del messaggio che vogliamo comunicare. Quando il tono differisce in maniera significativa dal contenuto verbale, è molto improbabile che alle parole sia attribuito un peso rilevante, ma sarà il tono stesso ad essere recepito come messaggio fondamentale.

Timbro: è un fattore ampiamente condizionato da elementi fisiologici, come l'età e la conformazione fisica, quindi non passibile di controllo volontario; tuttavia tende a variare a seconda nei contesti in cui la persona si viene a trovare e può essere in minima parte modificato con l'esercizio.

Ritmo: il ritmo che una persona utilizza per parlare piò essere un indice di straordinaria importanza per comprendere il suo stato emotivo ed il suo carattere, come anche il valore attribuito al messaggio che sta comunicando: parlare in maniera eccessivamente lenta e monotona tenderà a distrarre il nostro interlocutore e potrebbe suscitare l'impressione che la stessa persona che parla non sia particolarmente interessata o ferrata su quello che sta dicendo; al contempo, anche un parlato eccessivamente veloce può essere un elemento negativo per una corretta veicolazione del messaggio, dal momento che potrebbe essere percepita come sintomo di agitazione, ansia o imbarazzo. Una corretta modulazione del ritmo della voce a seconda dei vari momenti della conversazione o dell'esposizione costituisce una strategia vincente per mantenere alta l'attenzione dei propri interlocutori.

Silenzio: anche la gestione dei silenzi e delle pause costituisce un fattore da valutare attentamente quando analizziamo gli aspetti para-verbali di una comunicazione: parlare senza pause renderà una conversazione difficoltosa da seguire, non offrendo all'ascoltatore la possibilità di elaborare quello che ascolta e quindi riflettere su ciò che apprende; di contro, fare troppe pause potrebbe annoiare l'interlocutore, che si distrarrà più facilmente. Le pause, quindi, dovrebbero essere utilizzare per conferire un giusto ritmo alla conversazione, per saggiare la reazione del proprio interlocutore o del proprio auditorio o anche per conferire una particolare enfasi ad un determinato concetto, mai essere dei semplici vuoti privi di significato tra una frase e l'altra.

Volume: l'utilizzo di un determinato volume della voce può essere un fattore chiave per interpretare un'interazione verbale. Alzare significativamente il volume in un determinato passaggio del proprio discorso può indicare che ciò che si sta dicendo ha un particolare valore e che quindi si ritenga fondamentale che gli ascoltatori recepiscano tutte le parole. Un tono di voce particolarmente alto, accompagnato da una determinata intonazione, può essere anche indice di uno stato d'animo alterato, agitato o irato. Al contrario, un tono della voce particolarmente basso può essere letto come sinonimo di scarsa considerazione o interesse per ciò che si sta dicendo; oppure, una voce bassa e flebile potrebbe essere sinonimo di cattivo umore, di uno stato mentale cupo. É un fattore pesantemente condizionato dalle abitudini personali e dall'educazione ricevuta, va quindi valutato con criterio.

Quando parliamo, che sia con un amico o davanti ad una folla, è di fondamentale importanza evitare la staticità e la monotonia della propria voce; al contrario, bisogna imparare a modulare tutti questi fattori propri della comunicazione para-verbale al fine di rendere un discorso interessante, dinamico e coinvolgente, aumentando, in questo modo, le nostre capacità comunicative.

Abbiamo considerato i fattori che costituiscono la grammatica del linguaggio corporeo nella loro molteplicità. Segni, gesti, espressioni, movimenti: tutto concorre a determinare questa lingua che il nostro corpo parla con il mondo esterno in maniera continua, che noi ce ne rendiamo o meno conto. Appresi i rudimenti di questo linguaggio, occorrerà mettere a frutto le grandi capacità che questa conoscenza ci conferisce, utilizzando al meglio, in ogni occasione, questa capacità di lettura e di auto-lettura. Per fare questo occorre esercizio, attenzione e pazienza, lavorare con costanza per imparare a riconoscere sempre meglio, giorno dopo giorno, i segnali che riceviamo e trasmettiamo.

Vediamo allora quali siano le principali situazioni e contesti in cui possiamo avvalerci di queste conoscenze per gestire al meglio ed a nostro favore il corso degli eventi, valutando con consapevolezza ciò che gli altri vogliono davvero comunicarci ed adeguando di conseguenza il nostro comportamento e le nostre parole.

Come utilizzare il linguaggio del corpo per avere successo

"Non c'è nessuna seconda possibilità per una prima impressione." - Oscar Wild

"Quella proprio non la reggo. Non chiedetemi perché: è una sensazione a pelle!" Quante volte ci sarà capitato di formulare un giudizio simile, di provare un'inspiegabile antipatia nei confronti di qualcuno? Magari la persona in questione la conosciamo appena e si è limitata a scambiare con noi qualche frase di circostanza oppure, addirittura, non ci ha rivolto neanche la parola. Ormai è scientificamente provato: la prima impressione sugli altri viene forgiata dalla nostra mente in pochissimi istanti, addirittura pochi secondi, ed è estremamente difficile che venga scalfita nel corso del tempo.

I fattori chiave che concorrono alla formulazione di un primo giudizio sono molteplici, ma ciò che condiziona in maniera decisiva, preponderante la valutazione che diamo di un'altra persona sono i segnali che questa ci trasmette, consapevolmente o meno, con il suo corpo: l'andatura, le movenze, la postura, le espressioni facciali...sono tutti elementi che la nostra mente scansiona in automatico al fine di elaborare un giudizio, in modo particolare durante il primo incontro.

Questa mole di informazioni viene elaborata per lo più in maniera inconscia, quindi non passa al vaglio della nostra consapevolezza e della nostra razionalità: per questo motivo spesso non riusciamo a dare conto delle motivazioni di fondo sulle quali si basano i nostri giudizi, soprattutto se non siamo avvezzi a valutare con cognizione la comunicazione verbale altrui.

Grazie allo studio del linguaggio del corpo è possibile imparare ad elaborare valutazioni più attente e consapevoli delle persone che ci circondano, imparando a notare particolari che, altrimenti, passerebbero inosservati e sviluppando un atteggiamento critico che ci permette di essere sempre coscienti delle motivazioni che ci inducono a trarre determinate conclusioni nei riguardi di qualcuno. Questo potente strumento lo possiamo, anzi o dobbiamo, rivolgere anche verso noi stessi: un maggiore controllo della nostra espressività corporea ci consentirà di giocare al meglio le nostre carte nelle varie interazioni sociali che possano risultare difficili da gestire; ad esempio, quando ci si trovi nella condizione di dover essere giudicati in un breve lasso di tempo, sarà decisivo produrre negli altri la migliore prima impressione possibile; la nostra comunicazione non verbale si rivelerà un valido alleato per perseguire questo obiettivo.

- <u>Come suscitare una buona prima impressione: il colloquio di lavoro</u>

Molto spesso la selezione del personale, soprattutto nel caso di grandi aziende, viene affidata ad agenzie del lavoro esterne e specialisti nel settore delle risorse umane, figure che possiedono una formazione *ad hoc* per valutare la comunicazione non verbale dei candidati per una determinata posizione lavorativa. Ormai il colloquio di lavoro non si limita più ad una mera elencazione delle proprie esperienze, competenze e titoli di studio: è indispensabile, da parte del potenziale datore di lavoro, valutare con attenzione i numerosi fattori che possono offrire una panoramica quanto più accurata sulle caratteristiche caratteriali e comportamentali dei candidati, per capire se saranno o meno in grado di portare a termine con profitto i compiti che saranno affidati loro e se si riveleranno elementi affidabili, validi e leali. Come abbiamo già avuto modo di dire, molto spesso, durante un'esaminazione, viene creata appositamente una situazione di stress e vulnerabilità (come la rimozione di tavoli sotto ai quali nascondere la parte inferiore del corpo) per saggiare con maggiore precisione le reazioni dei candidati a determinate situazioni e domande; sarà fondamentale, allora, imparare a controllare le reazioni del proprio corpo prima che queste possano essere recepite e registrate da chi ci sta di fronte ed intaccare irrimediabilmente il giudizio che verrà elaborato sul proprio conto: ciò non vuol dire eradicare, o sopprimere le proprie emozioni allo scopo di diventare degli automi insensibili, ma imparare a controllarle e gestirle affinché possiamo filtrare attivamente e consapevolmente ciò che gli altri percepiscono di noi. È normale e fisiologico provare imbarazzo o tensione durante un esame o un colloquio, ciò che possiamo imparare è monitorare il nostro corpo ed i suoi movimenti, al fine di trasmettere dei messaggi che vadano, per quanto possibile, a favore di un'impressione positiva.

Dunque, le chances di fare una buona impressione su una commissione esaminatrice dipendono solo in parte dal proprio curriculum: avere un profilo perfetto su carta non compenserà un'impressione negativa. Per prepararci al meglio ad un colloquio di lavoro dovremo considerare una serie di fattori di fondamentale importanza per suscitare una reazione positiva nei nostri interlocutori, nell'arco dei pochissimi minuti a noi a disposizione. Durante il colloquio gli esaminatori o lo stesso datore di lavoro tenteranno di carpire quanti più elementi per definire un quadro del nostro profilo caratteriale: capita spesso che, sottoposti ad una situazione straordinaria di stress, si possa suscitare un'impressione fuorviante, che poco rispecchia la nostra reale personalità e che non renda giustizia delle nostre migliori qualità. Sviluppare un maggiore autocontrollo ci consentirà di filtrare e controllare adeguatamente le esternazioni del nostro stato emotivo. Ma come prepararci al meglio al fine di suscitare la migliore impressione possibile? Su quali elementi focalizzare la nostra attenzione?

<u>Aspetto e look</u>

Il primo punto sul quale occorre focalizzare la propria attenzione è la scelta della tipologia di abbigliamento da adottare e la cura dell'aspetto: anche questi si configurano a pieno titolo come fattori della comunicazione non verbale. Capita spesso che si attribuisca, forse, un peso eccessivo e improprio al mero dato estetico: d'altronde è vero il detto "l'abito non fa il monaco"; tuttavia sarebbe impensabile presentarsi ad un colloquio di lavoro presso una grande azienda, magari con l'ambizione di ottenere un ruolo di responsabilità e di prestigio, in tuta, in bermuda oppure in un abito da sera; sarebbe un'evidente e palese dimostrazione della mancanza di comprensione dei codici sociali e della buona educazione, dunque un pessimo biglietto da visita. Naturalmente la scelta della tenuta da indossare dovrà essere in linea con il ruolo per cui ci stiamo candidando: sarebbe eccessivo presentarsi ad un colloquio per selezionare baristi in giacca e cravatta, basterà un abbigliamento casual; mentre, se la posizione a cui ambiamo è di tipo dirigenziale, sarà opportuno optare per un abbigliamento più formale, che rispetti il vestiario tipico dell'ambiente in cui ci si vuole inserire.

Ciò che dobbiamo trasmettere con il nostro aspetto è un senso di affidabilità e serietà: quindi può essere una buona scelta optare per un look sobrio, senza elementi che attirino troppo l'attenzione, ma senza neanche apparire sciatti o trasandati. Evitare capigliature esuberanti, sopra le righe, oppure, per le donne, un trucco eccessivo o inadeguato.

La stretta di mano efficace

La prima interazione interpersonale in ambito lavorativo è costituita, solitamente, da una stretta di mano: da questo gesto veloce ed apparentemente banale è possibile procedere all'identificazione di una serie di elementi caratteriali di grande rilevanza. Una stretta di mano debole ed insicura, magari anche sudata, sarà interpretata come indice di un carattere altrettanto remissivo: è importante, perciò, stringere la mano dell'altro con fermezza e sicurezza, porgendo la propria con il palmo rivolto verso l'alto, con un gesto che trasmetta disponibilità e fiducia; evitare di esercitare una forza eccessiva sulla mano dell'altro, come anche di far durare la presa troppo a lungo. Durante questo passaggio è importante, anzi fondamentale, sorridere e guardare negli occhi la persona con la quale stiamo interagendo. Una volta terminato il colloquio, non dimenticare di stringere nuovamente la mano a tutti i presenti.

Mantenimento del contatto visivo

Il mantenimento di un corretto contatto visivo costituirà un elemento da tenere in debita considerazione per tutta la durata del colloquio: come abbiamo sottolineato in precedenza, si tratta di un fattore di estrema importanza nella comunicazione non verbale. É fondamentale mantenere un contatto costante ma non insistente, evitando di guardare fisso negli occhi per troppo tempo oppure di squadrare il proprio interlocutore dall'alto in basso; è necessario, inoltre, fare attenzione a non evitare mai lo sguardo dei propri esaminatori, distogliendolo da loro figura per guardare in basso oppure in un'altra direzione: è un gesto che potrebbe essere interpretato come sinonimo di debolezza, ansia o timore.

Assunzione della postura corretta

L'atteggiamento posturale costituisce uno degli aspetti fondamentali da tenere in considerazione, dal momento che sarà percepito come un indice del nostro stato emotivo e delle nostre peculiarità caratteriali.

Al fine di suscitare la migliore impressione possibile, è importante, quindi, assumere una postura corretta: mantenere la schiena dritta ma non eccessivamente rigida, il petto all'infuori e la testa alta: le parti del nostro corpo dovranno essere disposte in maniera simmetrica, in modo da evitare l'assunzione di posizioni scoordinate.

Bisognerebbe evitare di incurvare la schiena e di abbassare il capo verso il basso, chiudendo il petto: si tratta di una postura che potrebbe trasmettere una sensazione di chiusura, diffidenza o timore, impressioni da evitare a tutti i costi durante un colloquio.

Inclinare leggermente il corpo in avanti nella direzione dei nostri interlocutori, protraendo ed inclinando la testa piegando il collo, ma mantenendo comunque una postura composta, è una posizione che denota reattività e partecipazione: ci aiuterà ad apparire realmente coinvolti nella discussione e attenti alle parole del nostro interlocutore.

È importante che la postura corretta venga assunta con naturalezza, disinvoltura e che risulti sempre spontanea: sembrare troppo rigidi e tesi può suscitare l'impressione di essere eccessivamente preoccupati per la buona riuscita del colloquio; adottando un atteggiamento eccessivamente impostato e teso, potremmo, addirittura, risultare persone arroganti e piene di sé.

Un atteggiamento posturale corretto costituirà un biglietto da visita fondamentale, ci farà percepire come persone sicure, attente ed affidabili.

Nel caso in cui fossimo chiamati a muoverci nella stanza nella quale viene effettuato il colloquio, dovremo valutare con attenzione le distanze da interporre tra noi e gli astanti, evitando di avvicinarci oppure allontanarci troppo dal nostro interlocutore e rispettando le distanze di prossemica più opportune per la situazione: è consigliabile porre tra sé e gli altri una distanza compresa tra un metro ed i tre metri, tipica della cosiddetta distanza sociale. Avvicinarsi troppo sarà, infatti, interpretato come un gesto indiscreto ed inopportuno; mentre tenere una distanza eccessiva sarà indice di un atteggiamento spaventato e timoroso.

Evitare di incrociare o divaricare troppo braccia e gambe

Durante il colloquio, occorrerà evitare di accavallare le gambe ed incrociare le braccia, ma anche di aprirle eccessivamente: l'ideale sarebbe mantenere le gambe parallele tra loro ma non troppo distanti l'una dall'altra. Il movimento e la posizione delle braccia e delle mani dovrebbe essere naturale e variare a seconda del momento: mentre parliamo sarebbe opportuno che le mani accompagnassero le nostre parole per enfatizzarle, stando attenti a non gesticolare in maniera eccessiva; quando ascoltiamo potrebbero essere appoggiate sulle nostre gambe o eventualmente sui braccioli della sedia o sul tavolo che abbiamo di fronte. Bisogna sempre evitare, comunque, di sembrare eccessivamente ingessati stando immobili: modificare leggermente la propria posizione nel corso dell'intervista denoterà uno stato d'animo rilassato e sicuro. Non è necessario, dunque, mantenere gli arti nella medesima posizione per tutto il tempo, darebbe l'idea di eccessiva tensione e sarebbe, in ogni caso, eccessivamente difficile. Incrociare braccia o gambe per qualche istante non costituirà un grande problema, ma evitiamo di mantenere questa posizione per troppo tempo, in quanto, come abbiamo visto, è un gesto che denota chiusura nei confronti dell'interlocutore e potrebbe essere letto come indice di timore o ansia.

<u>Evitare movimenti che facciamo trasparire nervosismo</u>

Al fine di evitare di apparire eccessivamente agitati o preoccupati, è importante evitare gesti che possano denotare stress, nervosismo o preoccupazione, soprattutto con le mani e con i piedi.

Giocherellare con i capelli o con un piccolo oggetto, sfregarsi le mani, contorcere parte degli indumenti, mangiarsi le unghie...sono tutti comportamenti che potrebbero indurre i nostri osservatori a giudicarci eccessivamente tesi ed ansiosi; questo costituirebbe un elemento molto negativo nella delineazione della nostra valutazione. Anche muovere continuamente i piedi, battendo ritmicamente la punta o i talloni ad esempio, potrebbe essere interpretato come un indice di impazienza ed agitazione. Bisogna, inoltre, evitare di mettere le mani in posizioni anomale, come ad esempio sotto le ginocchia, dietro la schiena o tra le gambe: è considerato un atteggiamento proprio di chi voglia nascondere qualcosa.

È necessario possedere un certo autocontrollo per gestire questi movimenti, che spesso sono involontari e si sottraggono al nostro controllo cosciente; è importante, quindi, mantenere rilassati gli arti durante tutta la durata del colloquio, contrastando anche l'impulso di toccarsi altre parti del corpo con le mani, come, ad esempio, quello di portare le mani al volto o alla testa, oppure di sfregarsi le braccia o le gambe; è fondamentale che le mani siano tenute libere e che seguano in modo naturale il corso della conversazione, accompagnando ed enfatizzando le nostre parole.

È possibile trasmettere nervosismo anche per mezzo della propria mimica facciale: è importante, dunque, controllare costantemente l'espressività del proprio volto, mantenendolo rilassato e ricettivo agli stimoli che captiamo, evitando di mettere in atto movimenti nervosi e tic, come ad esempio sorridere in maniera tesa, serrare le labbra, sbattere incontrollatamente le palpebre, aggrottare eccessivamente le sopracciglia e così dicendo.

La mimica facciale dovrà, al contrario, comunicare uno stato d'animo quanto più sereno e positivo: un volto sorridente e sereno rappresenta certamente un buon biglietto da visita; attenzione, però, a non esagerare. Abbiamo visto come sia facile valutare l'insincerità di un sorriso: è fondamentale allora cercare di adeguare le proprie espressioni facciali a seconda dell'andamento della conversazione, sorridendo solo quando lo si reputi consono ed il momento lo permetta.

<u>Mantenere un tono di voce adeguato</u>

Andiamo adesso a valutare alcuni degli aspetti relativi alle comunicazione para-verbale, da tenere in debita considerazione durante un colloquio di lavoro: come abbiamo già avuto modo di sottolineare, è importante, al fine di coinvolgere il proprio interlocutore e veicolare in modo convincente un messaggio, modulare le caratteristiche vocali del proprio parlato nel corso della conversazione, evitando un tono di voce che possa risultare freddo ed impersonale: sono da evitare l'adozione di una voce monotona e cantilenante, come anche eccessivamente squillante ed esuberante. Il volume andrebbe mantenuto nella media: parlare troppo forte potrebbe essere interpretato come un indice di eccessiva sicurezza di sé, mentre, al contrario, un volume troppo basso potrebbe denotare timore. È importante anche modificare il proprio tono ed il proprio registro linguistico a seconda del contesto, adeguandosi alla situazione specifica: evitare di sembrare troppo formali ed impostati quando i propri interlocutori abbiano la chiara intenzione di impostare una comunicazione più informale per metterci a nostro agio; di contro, valutare sempre l'opportunità di utilizzare un tono ed un lessico eccessivamente famigliare, se non viene adottato dagli stessi esaminatori.

L'attuazione di questa sorta di "decalogo", ci consentirà di aumentare le possibilità di suscitare un'ottima prima impressione, la quale, insieme alle nostre qualifiche ed ai nostri titoli, ci consentirà di ottimizzare le nostre possibilità di essere notati e, auspicabilmente, selezionati dagli esaminatori.

Si tratta di una serie di consigli da poter applicare tranquillamente anche in situazioni sociali differenti, eventualmente adattandoli a seconda del contesto. Costituiscono buone pratiche da adottare, ad esempio, nel corso di un esame, di un incontro di lavoro formale oppure, più in generale, quando abbiamo a che fare con persone che non conosciamo o con le quali non abbiamo confidenza sulle quali vogliamo fare una buona prima impressione.

- <u>La comunicazione non verbale nelle situazioni di conflitto</u>

L'utilità e l'importanza della conoscenza dell'espressività non verbale risiedono, tra le altre cose, anche nella possibilità di una gestione consapevole ed ottimale di situazioni straordinarie, delle condizioni di stress o di tensione, come conflitti e litigi; utilizzando il linguaggio del corpo possiamo fornire una risposta sempre costruttiva e ragionata, calibrata a seconda della circostanza e delle persone che ci circondano. Capire il lessico del corpo ci consentirà, infatti, di comprendere in maniera più rapida e precisa gli stati d'animo degli altri, mettendoci nelle condizioni di intervenire nella maniera più adeguata anche in una situazione complicata o anomala; inoltre, la capacità di esercitare un pieno controllo sulla propria espressività corporea e sulla propria gestualità ci consentirà di modulare e gestire le nostre reazioni al fine di ottenere il risultato che vogliamo, massimizzando l'efficacia dei messaggi, verbali e non, che comunichiamo alle altre persone.

Può capitare, ad esempio, di trovarsi ad avere a che fare con persone alterate, arrabbiate, aggressive che, prese dall'agitazione del momento, potrebbero costituire un pericolo per noi, per gli altri e per loro stesse. In questi casi potremmo avvalerci delle nostre competenze comunicative per gestire al meglio la situazione, evitando, così, che le cose possano degenerare verso il peggio.

<u>Riconoscere la rabbia nell'altro</u>

Vi sono una serie di elementi ritracciabili nella mimica facciale, nella gestualità corporea e nella prossemica che vanno a costituire un indice incontrovertibile di ostilità e rabbia; se riscontrati in una persona che ci è vicina, questi segnali dovrebbero metterci immediatamente in allarme, considerando i potenziali ulteriori sviluppi che potrebbero seguire. Le modificazioni corporee che caratterizzano una persona che provando rabbia diventa aggressiva, sono la conseguenza dell'attivazione di precise dinamiche fisiologiche volte alla preparazione all'attacco, la cui scaturigine è individuabile nella componente più "animale" della nostra mente; queste reazioni accomunano tutti gli esseri umani a prescindere dalla cultura di appartenenza o dall'educazione ricevuta e caratterizzano l'emozione della rabbia anche qualora non vi sia nessuna intenzione di sferrare un attacco fisico. Alcuni di questi automatismi sono propri anche di altre specie animali.

Uno degli aspetti più significativi da prendere in considerazione è il tipo di sguardo adottato da una persona in preda alla rabbia, che spesso si configura come uno dei primi segnali ad emergere: gli occhi di una persona ostile ed in collera sono fissi e diretti sull'oggetto che suscita la sua reazione: cercare lo sguardo dell'altro e mantenere il contatto visivo rappresenta un chiaro segnale di sfida e di provocazione. Gli occhi sono spesso spalancati e sgranati, le palpebre vengono sbattute più raramente, al fine di concentrare tutta la propria attenzione sul proprio "bersaglio". Lo sguardo di sfida è spesso accompagnato da un'espressione corrucciata, torva e accigliata del volto: le sopracciglia sono corrugate, come anche la fronte, rendendo lo sguardo ancora più intenso e penetrante, i muscoli del volto contratti, le labbra e le mascelle serrate, le narici divaricate; in alcuni casi la contrazione della bocca può lasciar scorgere i denti. Come possiamo notare, alcuni di questi elementi sono rintracciabili anche della mimica animale, nel ringhio del cane, ad esempio.

Un'intensa emozione di rabbia può essere responsabile di un mutamento di colorito nel volto: una persona alterata è di solito rossa in viso ed accaldata, spesso tende anche a sudare e tremare. Un pallore improvviso, d'altro canto, può essere un segnale incontrovertibile dell'imminenza di un attacco fisico, dal momento che l'afflusso del sangue verso gli arti, denota la preparazione al combattimento.

Un altro elemento frequente nell'espressione della rabbia è costituito dalla chiusura delle mani a pugno, gesto palesemente minatorio che palesa la propria intenzione a sferrare un eventuale attacco; spesso questo segnale è accompagnato da una complessiva tensione muscolare e da una postura rigida, caratterizzata dalle spalle ricurve, il busto proteso in avanti, le braccia tese e contratte ed un arto inferiore diretto verso l'obiettivo. A volte le mani possono essere poste sui fianchi, mantenendo i gomiti verso l'esterno, in una postura adottata con l'intenzione di ingrandire la propria figura; la gestualità di una persona in preda alla collera è scattosa, agitata, esasperata e tende ad invadere gli spazi altrui.

Anche gli aspetti ara-verbali sono coinvolti nell'espressività dell'emozione della rabbia: il volume della voce tende ad alzarsi notevolmente, come anche la velocità delle parole che tendono ad accavallarsi le une con le altre, non lasciando agli interlocutori spazi di replica; anche il tono ed il timbro con cui si parla di consueto, possono tendere a modificarsi a causa dell'agitazione.

Come comportarsi con una persona aggressiva

Una volta individuato in qualcuno un potenziale atteggiamento aggressivo, un corretto impiego della comunicazione non verbale ci consentirà di comportarci nella maniera più opportuna per tentare di gestire la situazione nel migliore dei modi possibili, trasmettendo messaggi positivi ed adottando un atteggiamento conciliatore, rassicurante, volto al rasserenamento degli animi ed alla costituzione di un clima costruttivo. Questo modo di fare potrà contribuire a disinnescare una condizione di tensione, come anche a facilitarne la risoluzione.

È importante in questi casi, adottare una gestualità che trasmetta un chiaro messaggio di apertura ed ascolto, ma che sia deciso ed assertivo nel comunicare in maniera netta le proprie intenzioni.

Come abbiamo avuto modo di argomentare in maniera diffusa, le braccia aperte sono un gesto volto a trasmettere una sensazione di apertura e disponibilità, costituendo un gesto calmante nei confronti di una persona alterata: approcciarci all'altro con le braccia e con le mani aperte ed in vista, sarà percepito come un segnale volto alla riconciliazione; bisogna, inoltre, evitare di nascondere le mani dietro alla schiena e di metterle in tasca, come anche di chiuderle a pugno, al fine di non dare, a nostra volta, l'impressione di stare adottando un atteggiamento aggressivo o subdolo.

Anche la posizione della capo può assumere un valore importante nella gestione di una persona aggressiva: tenere la testa leggermente inclinata e con il collo in vista costituisce un segnale di sottomissione e di propensione all'ascolto delle motivazioni altrui. È importante, inoltre, avvalersi di una gestualità volta ad esprimere interesse nei confronti delle ragioni dell'interlocutore: sarà opportuno mantenere un contatto visivo continuo ma non insistente, assumere un'espressione facciale rilassata e reattiva e, per quanto possibile, accennare dei sorrisi. In circostanze delicate è importante anche valutare con attenzione l'utilizzo opportuno delle distanze interposte tra noi e l'altro: avvicinarsi gradualmente può costituire un gesto importante per manifestare la disponibilità alla collaborazione e al dialogo; tuttavia bisogna stare attenti a non esagerare ad affrettare i tempi, rischiando di invadere eccessivamente lo spazio personale altrui: questo potrebbe suscitare un effetto contrario a quello desiderato e provocare una immediata reazione di difesa.

Oltre che con individui arrabbiati e potenzialmente aggressivi, una gestualità corporea calmante e volta a tranquillizzare l'altro, può essere adottata anche in altre circostanze, ad esempio quando ci si trovi a dover gestire una persona in preda ad uno stato di shock, di agitazione o di paura.

- <u>Il linguaggio del corpo per incrementare le proprie doti comunicative</u>

Molti dei tratti caratteriali che individuano una persona sono chiari e riconoscibili sin dall'infanzia: alcune delle specificità che ci contraddistinguono sono così radicate, sia nella psiche che nella corporeità, da risultare estremamente difficili da mutare e gestire nel corso della vita, al punto da costituire, in alcune situazioni, quasi un pesante fardello. Capita, infatti, che alcune attività ed esperienze possano apparirci precluse per il semplice fatto di non saperle gestire e sfruttare nella maniera ottimale a causa del nostro atteggiamento.

Per una persona socievole e spigliata trovarsi al centro dell'attenzione è, ad esempio, una condizione di assoluta normalità, che non costituisce in alcun modo motivo di tensione o di preoccupazione. Al contrario, per un soggetto timido e introverso, essere costretti a parlare in pubblico o interagire all'interno di un gruppo può costituire una sfida con un certo grado di difficoltà, come anche una potenziale fonte di stress ed angoscia, tanto da sentirsi, spesso, costretti a rinunciarvi per evitare di farsi prendere dal panico e, conseguentemente, di fare una pessima figura e rischiare di compromettere la propria immagine.

Detto ciò, non bisogna rassegnarsi al fatto che il proprio carattere possa precluderci ciò che vogliamo o dobbiamo fare: abbiamo a disposizione molti strumenti per imparare a gestire al meglio le nostre emozioni e la nostra espressività, oltre alla possibilità di sviluppare un controllo sempre maggiore di noi stessi e del nostro corpo. In che modo allora la conoscenza del linguaggio del corpo e delle sue molteplici potenzialità può rivelarsi utile a questo scopo?

Apprendere gli elementi fondamentali e le dinamiche che caratterizzano una comunicazione non verbale efficace può costituire un grande aiuto nella gestione di situazioni che, per specifiche disposizioni caratteriali, potrebbero costituire una fonte di ansia e di timore. Oltre alla conoscenza teorica, c'è molto che possiamo fare anche relativamente agli aspetti pratici.

Se è vero, come abbiamo ampiamente dimostrato, che lo stato emotivo ed i tratti caratteriali influenzano la corporeità secondo molteplici modalità, va tenuto presente che risulta vero anche il contrario. Ovvero: educare ed abituare il nostro corpo all'assunzione volontaria di determinate posture o mimiche facciali farà sì che anche la mente ne sarà condizionata di conseguenza, per cui vi sarà una vera e propria risposta emotiva, emozionale ad una determinata modificazione corporea. Possiamo in questo modo imparare ad auto-calmarci ed auto-controllarci, oltre che ad educarci nel mettere in atto particolari atteggiamenti, grazie alla stimolazione di determinati meccanismi corporei. Il corpo e la sua "educazione" si rivelerà allora uno strumento fondamentale per incrementare le nostre capacità comunicative e per gestire al meglio la nostra socialità; questo tipo di *training* può rivelarsi strategico per chiunque abbia problematiche legate all'ansia sociale. Può aiutare, ad esempio, a sviluppare uno stile di comunicazione maggiormente assertivo e deciso, elemento fondamentale per le persone che presentino problematiche legate all'autostima o all'insicurezza.

Naturalmente queste indicazioni costituiscono una guida preziosa anche per chi non abbia particolari problemi di timidezza: molto spesso anche persone estroverse e comunicative commettono, inconsapevolmente, degli errori di comunicazione che potrebbero compromettere una corretta trasmissione dei contenuti, spesso dovuti proprio alla loro notevole spigliatezza e sicurezza di sè. Muoversi troppo ed in modo disordinato, parlare troppo veloce, gesticolare in maniera eccessiva, solo per citare degli esempi, sono dei fattori che possono costare il mantenimento dell'attenzione da parte de proprio interlocutore e costituire un ostacolo per la costruzione di una presenza autorevole che infonda sicurezza.

<u>Utilizzare il linguaggio del corpo per diventare oratori efficaci</u>

Come abbiamo ampiamente argomentato, il linguaggio del corpo rappresenta una componente fondamentale nelle interazioni interpersonali, tanto da sovrastare, in alcune circostanze, il contenuto verbale; questo può accadere sia quando ci si trovi a parlare a tu per tu con qualcuno, sia ad un gruppo o addirittura ad un'intera platea. Un errore che capita di commettere quando si prepari un discorso pubblico o una lezione, è quello di concentrarsi unicamente sull'aspetto verbale, curando grammatica, sintassi, lessico e scorrevolezza generale del testo; aspetti fondamentali, non c'è dubbio, ma senza legare le parole ad una espressività corporea opportuna ed efficace, anche il discorso meglio scritto di rivelerà poco incisivo presso il pubblico.

Una piena padronanza del nostro corpo, che dovrà essere preparato alla situazione con esercizio e pratica costanti e mirati, ci permetterà di agire in modo più sicuro e consapevole, consentendoci di guadagnare l'attenzione del nostro pubblico e veicolare i messaggi nella maniera giusta, facendo in modo che arrivino a destinazione. Determinati gesti e movimenti, una precisa andatura saranno fattori indispensabili per guadagnare carisma ed autorevolezza presso le persone che ci ascoltano, consentendoci di comunicare in maniera efficace ed affinare così le nostre capacità oratorie. Quali sono gli elementi di maggiore importanza sui quali focalizzarsi? Come costruire un'immagine autorevole di sé stessi?

Cominciamo considerando l'aspetto che, forse, assume la maggiore centralità ed importanza nel caso della *public speaking,* ovvero l'utilizzo più opportuno della propria voce.

Quando parliamo in pubblico, è la nostra voce ad essere la protagonista principale della scena: controllarla al meglio in tutti i suoi aspetti costituirà un fattore decisivo per assicurarci di ottenere un'attenzione continua da parte del pubblico. Abbiamo già elencato quali siano i fattori chiave che costituiscono la comunicazione para-verbale: il tono, il timbro, la velocità, il volume, sono tutti elementi che occorre modulare nel modo opportuno durante la nostra esposizione, affinché la nostra voce risulti persuasiva e convincente.

Nella circostanza in cui ci si trovi a dover affrontare un monologo lungo diverse ore, magari centrato su una materia difficile da esporre e da comprendere, uno degli aspetti da dover valutare con maggior attenzione è costituito dalla necessità di fare pause, alternando opportunamente le parole con i silenzi: ciò non deve essere fatto in modo casuale, ma seguendo una logica di fondo; i silenzi non dovranno mai sembrare dei vuoti, ma assumeranno, al contrario, un preciso valore comunicativo all'interno dell'esposizione Oltre che un fisiologico bisogno da parte dello speaker di riprendere fiato, l'opportuno uso di una pausa sarà fondamentale, all'interno di una frase, per conferire maggior enfasi ad un concetto che esprimiamo come anche per dare agli ascoltatori la possibilità di seguire in maniera ottimale.

Per assicurarci il mantenimento di una soglia di attenzione sempre alta da parte del nostro pubblico, dovremo fare in modo da non risultare mai noiosi, monotoni o ridondanti; sarà fondamentale, allora, variare opportunamente l'intonazione della propria voce, avvalendoci di un'ampia gamma di sfumature da imprimere al nostro parlato in considerazione dei contenuti che stiamo esprimendo. Che ci avvaliamo o meno di un microfono, modulare il volume sarà un fattore di grande importanza da considerare: dobbiamo assicurarci che gli astanti siano in grado di ascoltarci senza doversi sforzare per interpretare un tono di voce troppo basso e senza essere infastiditi da un volume troppo alto. Il volume inoltre rappresenta uno strumento per conferire enfasi ed importanza a determinati passaggi del proprio discorso.

Passiamo adesso a considerare gli aspetti legati alla comunicazione non verbale, quelli legati propriamente alla cinetica.

Per tutta la durata dell'esposizione, la propria gestualità e le proprie movenze non dovranno mai costituire un elemento di distrazione dal contenuto verbale: al contrario, è necessario che il linguaggio del corpo accompagni nel modo più opportuno le parole proferite, configurandosi come uno strumento per veicolare al meglio il messaggio verbale che cerchiamo di trasmettere al pubblico, rafforzandolo ed enfatizzandolo, mai marginalizzandolo; dovremo, a questo scopo, evitare tutti quegli atteggiamenti che possano risultare in contraddizione con le nostre parole, oppure che possano spostare il focus dei presenti dai contenuti delle nostre parole alla nostra figura. Un gesto inconsulto, una serie movimenti nervosi, un tono di voce anomalo: sono tutti elementi che potrebbero contribuire a distogliere l'attenzione del pubblico dalle parole e compromettere, quindi, la nostra persuasività.

La sensazione che dobbiamo tentare di trasmettere ai nostri ascoltatori è di sicurezza, di stabilità e di coerenza. La postura rappresenta uno dei fattori che maggiormente influenza la trasmissione di un determinato stato emotivo interno e di specifici tratti caratteriali: i nostri contenuti verranno veicolati nella maniera più opportuna se riusciremo ad imprimere alla nostra figura un'immagine di autorevolezza; per ottenere questo scopo è indispensabile assumere un atteggiamento posturale composto e simmetrico, mantenendo la schiena dritta ma non rigida, il petto all'infuori e le spalle larghe; evitare, quindi, posture chiuse o ingessate che, come abbiamo avuto modo di argomentare, denotato uno stato mentale negativo; il tronco dovrà assumere sempre un orientamento parallelo rispetto al suolo, evitando posizioni ricurve, asimmetriche o eccessivamente tese. Nel caso in cui fossimo tenuti a rimanere seduti, valgono le stesse accortezze: mantenere una postura dritta e simmetrica, ma non rigida.

Bisogna, inoltre, evitare di distrarre il pubblico gesticolando freneticamente ed immotivatamente, cambiando posizione troppo di frequente, camminando nervosamente avanti ed indietro senza uno schema, saltellando da un piede all'altro: tutti questi movimenti potrebbero essere interpretati come sintomi di nervosismo e ansia. In particolare, alcune azioni potrebbero inficiare significativamente l'efficacia della comunicazione verbale: grattarsi il volto, il capo oppure il collo, potrebbe essere percepito come un gesto di insicurezza e di dubbiosità, facendo vacillare la nostra autorevolezza.

È importante, quindi, focalizzare la propria attenzione in particolare sui piedi e sulle mani che, come abbiamo visto, costituiscono le parti del corpo forse più difficili da sottoporre ad un controllo volontario: i piedi devono essere ben piantati e radicati a terra, in modo da trasmettere un senso di solidità e stabilità, mentre le mani e le braccia dovranno seguire nella maniera più opportuna l'andamento del discorso, enfatizzando determinati passaggi e cercando costantemente l'interazione con il pubblico, in modo tale da coinvolgerlo.

Non muoversi troppo non vuol dire non muoversi affatto; al contrario, è fondamentale spostarsi nello spazio e gestirlo nel modo più opportuno, con l'obiettivo di trasmettere un'immagine di rilassatezza e tranquillità;

occorre però farlo con attenzione e criterio, seguendo uno schema ragionato e muovendosi con uno scopo preciso, dimostrandosi padroni dello spazio che ci circonda.

È fondamentale che la propria figura, nella sua totalità, risulti centrata e che mantenga un assetto solido per tutta la durata dell'esposizione, evitando, quanto più possibile, le oscillazioni: possiamo, anzi dobbiamo, muoverci soprattutto se siamo in piedi; ma è importante che i movimenti non siano disordinati e casuali ma che abbiamo, al contrario, sempre un orientamento. È importante, inoltre, che la postura e la gestualità trasmettano un messaggio di apertura, disponibilità e coinvolgimento; è utile a questo scopo utilizzare le braccia nella maniera più opportuna. Le mani possono costituire uno strumento di grande importanza per coinvolgere il pubblico, soprattutto quando ci si trovi a parlare da seduti: abbiamo visto come la gestualità delle mani costituisca un canale comunicativo di grande importanza, soprattutto in alcune culture e contesti sociali. Grazie ai movimenti delle mani è possibile veicolare un grande numero di messaggi, stimoli ed emozioni, da accordare con quello che proferiamo verbalmente. Mantere le mani e le braccia in una posizione statica o addirittura chiusa, rappresenta un grande limite nel coinvolgimento del pubblico; sarà utile, al contrario, che le mani seguano l'andamento dell'esposizione: si possono usare le dita per indicare, per numerare, per enfatizzare dei concetti oppure si può mimare un'azione che stiamo esponendo.

Un altro aspetto da valutare è il mantenimento costante del contatto oculare con il proprio pubblico: analogamente ad un'interazione interpersonale tra due persone, anche nel rapporto uno-molti è fondamentale che sia mantenuto un contatto visivo costante: evitare dunque di concentrare lo sguardo esclusivamente su appunti, testi o diapositive; al contrario muovere gli occhi in maniera opportuna, cercando di incontrare lo sguardo dei presenti. Rivolgere la nostra attenzione al pubblico ci permetterà, inoltre, di saggiarne le reazioni e valutare in maniera attiva le eventuali fluttuazioni di attenzione, apportando delle modifiche alla nostra esposizione se necessario.

Quelli che abbiamo elencato, sono accorgimenti fondamentali da tenere a mente per chiunque debba parlare in pubblico; naturalmente rappresentano una base che ognuno di noi potrà personalizzare ed adattare in base al proprio stile comunicativo ed alla propria personalità, come anche in relazione alle particolari situazioni in cui ci si viene a trovare: parlare a dei bambini richiederà delle attenzioni diverse rispetto a quelle adottate per parlare ad un pubblico di medici specialisti.

- <u>Il linguaggio del corpo nel corteggiamento</u>

Capita non di rado, magari di ritorno da un appuntamento galante, di non essere del tutto convinti che l'altro nutra un sincero interesse nei nostri confronti; spesso, infatti, si fa fatica ad interpretare i segnali che la persona del sesso opposto ci manda e possiamo trovarci nella sgradevole condizione di non sapere affatto quali siano le reali intenzioni dell'altro: è interessato/a? C'è già qualcun'altro? C'è una possibilità che la nostra relazione continui nel tempo?

Il comportamento degli altri può, talvolta, apparire come un rebus insolubile: i messaggi che riceviamo sono criptici o contradditori, gli atteggiamenti sembrano comunicarci cose differenti a seconda del momento e, solitamente, le parole dell'altro non arrivano mai in soccorso per chiarificare la situazione. Il corteggiamento è una forma di interazione tra due persone estremamente complessa ed articolata, costituita da numerosi elementi e sfaccettature da tenere in considerazione. È raro che le proprie intenzioni ed il proprio interesse vengano esplicitati con parole o comportamenti palesi: un flirt è costituito da allusioni, da parole non dette, silenzi e sguardi; la seduzione parla un linguaggio tutto suo, sottile ed intricato, che spesso si fa fatica ad intendere.

Uno dei motivi per cui il "gioco" del corteggiamento risulta così arduo da interpretare è costituito dal fatto che i due sessi, sotto diversi aspetti, parlano una lingua corporea diversa. Abbiamo detto in precedenza, di come la comunicazione non verbale abbia un carattere tendenzialmente universale, è su questo non ci sono dubbi: tuttavia, sono molteplici, in effetti, i fattori per i quali l'espressività corporea degli uomini e delle donne differisce, anche in maniera sostanziale. La ragione va rintracciata in fattori di natura biologica: seppure anche la cultura giochi un ruolo di grande importanza e sempre più, con gli anni, i comportamenti maschili e quelli femminili tendano a convergere, le reazioni istintive delle donne differiscono da quelle maschili per una questione di natura ormonale e fisiologica.

In che modo la conoscenza del linguaggio del corpo può venirci in soccorso? Come possiamo affinare le nostre capacità di comprensione dell'altro? Una conoscenza più approfondita delle dinamiche comportamentali tipiche che il sesso opposto mette in atto durante il corteggiamento può aiutarci a leggere in maniera più efficace e sicura le intenzioni degli altri nei nostri confronti e capire, dunque, se la persona che frequentiamo o che ci piace sia interessata o meno a noi; questo ci consentirà di evitare di trovarci in situazioni spiacevoli, di dare adito ad imbarazzi ed incomprensioni, oltre a consentirci di evitare di coltivare false speranze nei confronti di chi non ricambia i nostri sentimenti o la nostra attrazione fisica.

Conoscere le sottili differenze che intercorrono tra il linguaggio del corpo maschile e di quello femminile, ci consentirà, oltre che a valutare con maggiore precisione chi ci sta di fronte, anche di esprimerci in maniera efficace al fine di assicurarci che l'altro colga il nostro interesse, al fine di comunicare i nostri sentimenti senza doverci necessariamente palesare con le parole o con gesti espliciti.

L'attrazione fisica innesca una serie di reazioni fisiologiche che difficilmente si riescono a mantenere nascoste: un occhio attento le saprà riconoscere e valutare opportunamente. Vediamo alcuni aspetti fondamentali da tenere a mente durante, magari, un primo appuntamento romantico, per tentare di comprendere in maniera più profonda le reali intenzioni dell'altro, sottolineando anche gli aspetti per i quali il comportamento femminile e maschile differiscono.

<u>Sguardo</u>

Non si tratta di una scena che si vede solo nei film: capita spesso che, al principio di un'attrazione fatale, ci sia un semplice sguardo. Notoriamente, lo sguardo rappresenta una delle più potenti armi di seduzione e fascinazione, non solo nel flirt. Valutare con attenzione lo sguardo dell'altro durante le fasi di corteggiamento, costituirà un elemento decisivo per interpretare il suo eventuale interesse nei nostri confronti: abbiamo già avuto modo di considerare come, anche in altri ambiti, il mantenimento del contatto visivo costituisca un'arma fondamentale per trasmettere interesse e coinvolgimento. Ma in cosa differisce uno sguardo che denota interesse romantico da uno sguardo come un altro? Fondamentalmente si tratta di uno sguardo più intenso, profondo e persistente: la persona interessata non riuscirà letteralmente a staccare gli occhi di dosso da chi la attrae. Tendenzialmente, lo sguardo femminile risulterà essere più languido, sensuale, seducente; capita che, per attrarre un uomo che suscita il suo interesse, la donna sfoggi il cosiddetto "sguardo da cerbiatto", uno sguardo che trasmette dolcezza e vulnerabilità, spesso caratterizzato dal capo inclinato su un lato e dallo sbattimento delle ciglia più rapido del solito; lo sguardo maschile è caratterizzato da una maggiore sicurezza, è più diretto ed intenso, spesso si accompagna ad un aggrottamento delle sopracciglia, segno di concentrazione ed attenzione. Come abbiamo detto in precedenza, la presenza della pupilla dilatata costituisce, in entrambi i sessi, un ulteriore conferma di attrazione fisica.

Assunzione di posture "seducenti"

Anche l'assunzione di determinate posture può tradire l'intenzione di attrarre fisicamente l'altro: un atteggiamento posturale adottato con lo scopo di mettersi in mostra, di porre in risalto alcune precise caratteristiche fisiche, si configura come un chiaro segnale di seduzione. Per quanto riguarda questo fattore, possiamo individuare delle differenze significative tra il genere maschile e quello femminile: le donne tenderanno ad assumere una postura particolarmente dritta e tesa, caratterizzata dal petto all'infuori e dal ventre contratto, in modo da valorizzare la propria silhouette ed il proprio seno; nella postura femminile le gambe sono solitamente incrociate all'altezza delle ginocchia. Abbiamo sottolineato come le gambe incrociate possano essere considerate un gesto di chiusura e diffidenza, ma nel caso del corteggiamento questa posizione assume un valore del tutto differente: infatti, incrociando le gambe, la donna mette in mostra le proprie gambe, soprattutto quando queste siano scoperte; in questo caso le gambe si mostrano flessibili e seguiranno con naturalezza i movimenti del corpo; la gamba superiore è solitamente direzionata verso la persona che suscita il proprio interesse. La postura maschile presenta notevoli differenze: un uomo interessato ed attratto sessualmente da qualcuno, tenderà a sedersi con le gambe divaricate, in modo da mostrare la zona del bacino; le mani solitamente vengono appoggiate nell'area dell'inguine, o tenute in tasca mantenendo i pollici fuori; l'atteggiamento risulta solitamente più rilassato e sicuro rispetto a quello femminile; le punte dei piedi e le gambe, come nel caso delle donne, potrebbero essere direzionate verso l'oggetto del proprio interesse.

L'ascolto attivo

Al fine di velocizzare l'istaurazione di un rapporto confidenziale e profondo, è frequente che due persone che si piacciono tendano ad enfatizzare i segnali e le reazioni che denotino un particolare interesse per le parole dell'altro, al fine di mostrarsi sempre attente e coinvolte. Per ottenere questo effetto si fa spesso ricorso ad una gestualità delle mani e delle braccia più marcata, che indica una maggiore reattività, come anche ad un'espressività facciale più decisa ed enfatica, volta a compiacere l'altro e mostrare coinvolgimento emotivo. Come abbiamo visto in precedenza, anche l'orientamento del capo è un elemento che denota interesse: in questi casi la testa risulterà inclinata leggermente al lato, con il collo piegato e scoperto e con l'intero corpo che segue il movimento, in una posizione protesa in avanti, volta a trasmettere disponibilità all'ascolto ed attenzione.

Un altro fattore messo in atto per indurre il rafforzamento del legame tra due persone, lo potremmo ravvisare nel cosiddetto "effetto ricalco": l'emulazione, solitamente inconscia, dei movimenti dell'altro, rappresenta un indice incontrovertibile di interesse e di coinvolgimento: si tratta di un atteggiamento volto ad instaurare un rapporto di maggiore sintonia con l'altro, che può mettere in atto sia chi voglia sedurre si chi sia sedotto.

Naturalmente anche il sorriso costituisce un forte segnale di interesse e attrazione, forse uno dei più importanti da interpretare; è fondamentale valutare opportunamente se si tratti o meno di un'espressione sincera, valutando il coinvolgimento dell'espressività facciale nella sua totalità.

<u>I movimenti delle mani</u>

Vi è una molteplicità di gesti ed azioni riconducibili all'arte della seduzione: toccare il proprio corpo, in particolare le proprie zone erogene o quelle aree che possano costituire un'attrattiva per il sesso posto, si configura come un chiaro segnale di seduzione: durante il corteggiamento infatti, è frequente trovare le mani dell'uomo collocate intorno alla zona del bacino, in particolare nell'area genitale: una posizione frequente risulta essere quella di tenere le mani in tasca, aggiustandosi spesso la cintura o i pantaloni; dal canto loro, le donne, tenderanno ad usare i movimenti delle proprie mani per mettere in mostra il proprio viso, il proprio décolleté o le proprie gambe.

Portare le dita al volto sfiorandosi le labbra può essere interpretato come indice di estrema attrazione per l'altro, quasi si voglia prefigurare un bacio; spesso questo gesto è accompagnato da un movimento della lingua, che viene mostrata per qualche istante o passata sulle labbra;

mordicchiarsi leggermente le labbra è un gesto che può essere letto in maniera analoga.

Anche le orecchie costituiscono una zona erogena, sia negli uomini che nelle donne: quindi toccarsi o grattarsi spesso una o entrambe le orecchie denota un'evidente attrazione fisica.

Preoccuparsi continuamente del proprio aspetto, quasi in maniera compulsiva, costituisce un altro fattore chiave, che accomuna gli uomini e le donne, nel gioco della seduzione: le donne tenderanno a toccarsi e sistemarsi molto spesso i capelli, accarezzandoli, allisciandoli, cambiando spesso acconciatura, portandoli dietro alle orecchie o dietro alle spalle; dal canto loro, è frequente che gli uomini si tocchino la barba, i capelli oppure, se la indossano, si aggiustino la cravatta. Entrambi i sessi, con una certa prevalenza nelle donne. tendono a toccarsi spesso i vestiti, nell'atto di allisciarli e sistemarli; le donne in particolare, avranno la tendenza a preoccuparsi di aggiustare i propri abiti in prossimità delle zone più attrattive per il sesso maschile, come il petto, la vita, il bacino o le gambe.

Un gesto forse poco considerato, ma particolarmente frequente nelle donne che siano attratte da qualcuno, è quello di mantenere le mani ciondolanti, rilassando in maniera particolare i muscoli del polso e dell'avanbraccio.

Prossemica

Anche la prossemica e la gestione degli spazi può costituire un elemento da tenere in debita considerazione durante un'interazione tra due persone: tendere ad accorciare sempre di più le distanze sarà un incontrovertibile indice di interesse, che denota l'intenzione di prendere una maggiore confidenza; una persona che voglia entrare in intimità con l'altra tenderà, tra le altre cose, a cercare un contatto fisico continuo, sfruttando ogni buona occasione per interagire con il corpo: strette di mano, pacche sulle spalle, sfioramenti delle dita, e così dicendo; in aggiunta, o in alternativa, tenderà a toccare gli oggetti personali di chi suscita il suo interesse, come telefoni o gioielli, prendendoli tra le proprie mani o accarezzandoli: vanno a costituire una sorta di surrogato al contatto fisico. Attenzione a non sovrastimare questi aspetti relativi alla prossemica e a valutarli sempre in combinazione con altri fattori, in quanto potrebbero anche essere frutto di abitudini; potrebbe essere utile, a questo proposito, osservare il tipo di interazione assunta con le altre persone, come amici o parenti, per captare eventuali differenze;

Una volta inquadrati quali siano i segnali, le movenze ed i gesti che denotano l'interesse sessuale e romantico, possiamo utilizzare questi elementi sia per interpretare più agevolmente le persone che ci stanno incontro, sia utilizzarli per comunicare a nostra volta; un opportuno utilizzo di questi segnali può ottimizzare le nostre chances di fare una buona impressione sulla persona che ci interessa, facendole comprendere in maniera sottile ma chiara la nostra attrazione, evitando di doverci necessariamente esporre in maniera eccessiva.

Esercizi e consigli

Apprendere gli elementi fondamentali della comunicazione non verbale e le loro applicazioni ad un livello puramente teorico si rivela di scarsa o di nessuna utilità se, poi, nel concreto, non siamo in grado di farne un uso pratico; al fine di trarne un beneficio reale e tangibile, è necessario imparare a leggere il linguaggio corporeo delle persone che ci circondano nella vita di tutti i giorni, valutare quello ci comunica e comportarci di conseguenza, parlando con gli altri, a nostra volta con il lessico del nostro corpo.

Non si tratta dunque di una disciplina teorica, ma di una pratica, una tecnica che bisogna imparare a maneggiare tramite un esercizio costante, che ci consentirà, con il tempo, di affinare le nostre capacità, in modo da poterle utilizzare nella vita quotidiana.

Passiamo, allora, ad elencare una serie di spunti pratici che possono rivelarsi utili per esercitarsi ad interpretare la comunicazione non verbale ed esprimersi con essa, da svolgere da soli o insieme agli altri.

- Guardare la televisione, un film o una serie disattivando l'audio può costituire un semplice esercizio che ci spingerà e ci abituerà a focalizzare la nostra attenzione sull'espressione corporea, allo scopo di comprendere ciò che sta accadendo solo tramite l'osservazione. Privati del supporto verbale al quale siamo abituati, saremo costretti ad avvalerci esclusivamente della lettura del linguaggio corporeo per comprendere le emozioni che i soggetti provano e la situazione nella quale si trovano; naturalmente, sarà tanto più efficace se guardiamo qualcosa che non abbiamo già avuto modo di vedere in precedenza con l'audio.

- Lo stesso esercizio può essere eseguito osservando le persone che ci circondano nella vita "reale" di tutti i giorni, in particolare quando queste siano abbastanza lontane da noi, in modo tale da non avere la possibilità di ascoltare ciò che dicono, costringendoci, in questo modo, ad interpretare l'espressività corporea.

Quando ci mettiamo alla prova con questa tipologia di esercizi può rivelarsi utile porsi, in maniera sistematica, una serie domande che ci stimolino valutare i tratti caratteriali e le emozioni in gioco nella situazione che stiamo osservando: quale emozione o stato d'animo evinciamo dall'espressività corporea dei soggetti analizzati? Che tipologia di relazione potrebbe legare le persone in questione? C'è confidenza oppure distacco? Si piacciono, si apprezzano oppure a malapena si sopportano? Di cosa stanno parlando? Prestano attenzione alle parole dell'altro? E così via.

Vi è anche una serie di esercizi che potremmo eseguire in gruppo:

- radunato un piccolo gruppo di persone, ognuna di loro potrebbe scegliere ed assumere un'espressione o un atteggiamento volti alla rappresentazione plastica di una determinata emozione; il ""gioco" consisterà nell' indovinare il significato dell'espressività altrui;

- Ecco un altro esercizio nel quale è possibile coinvolgere anche altre persone, eventualmente anche solo una: chiediamo all'altro di pensare intensamente ad un qualche evento realmente accaduto nella sua vita e caratterizzato da un particolare ed intenso coinvolgimento emotivo: questo evento dovrà essere ricostruito dettagliatamente nella mente, cercando di rivivere appieno l'esperienza in ogni suo aspetto; dall'espressività corporea che assume la persona che ci sta di fronte si tenti, allora, di valutare quale sia, naturalmente in linea generale, il contenuto del ricordo e, soprattutto, si cerchi di capire se è caratterizzato da emozioni positive o negative.

È consigliabile cimentarsi anche in esercizi volti all'ottenimento di un maggiore controllo di sé stessi e dell'espressività del proprio corpo, in modo da poterlo controllare al meglio quando ci troveremo in determinate situazioni sociali che richiedano degli atteggiamenti particolari.

Si tratta di esercizi molto diffusi soprattutto nell'ambito della recitazione e messi spesso in pratica da attori o da chi, magari per ragioni di lavoro, ha bisogno di curare al meglio l'efficacia della propria comunicazione e della propria immagine sociale.

- Uno degli esercizi possibili è costituito dall'immedesimazione volontaria in un particolare stato emotivo: una volta posti davanti ad uno specchio, portare alla mente il ricordo di un'esperienza vissuta sulla propria pelle allo scopo di suscitare una certa reazione emozionale; a questo punto occorrerà osservarsi allo specchio con attenzione per registrare la propria risposta corporea a questo stimolo e memorizzare quale sia il mutamento nell'espressività facciale e nella postura;

- L'esercizio può essere eseguito anche in modalità "inversa", ovvero: sempre davanti ad uno specchio, concentrarsi sull'assunzione di una particolare espressione o di un atteggiamento posturale, oppure sull'esecuzione di determinati movimenti come, ad esempio, lo sfregamento di un punto del corpo con le mani; a questo punto prestare la massima attenzione alle reazioni che questo atto riesce ad innescare, concentrandosi sulla propria interiorità e registrando quali siano le modificazioni intervenute relativamente al proprio stato emotivo e la propria mente; occorrerà attendere che, semplicemente, la sensazione arrivi alla propria coscienza e, a quel punto, cercare di memorizzarla;

- Filmarsi mentre si legge, si parla o si interagisce con qualcuno può costituire un altro importante strumento per imparare a conoscere il nostro corpo e la sua espressività; all'inizio potrà fare una strana impressione, ma l'auto-osservazione rappresenta uno degli strumenti più potenti per sviluppare un maggiore controllo di sé; in fondo la persona che vediamo meno siamo proprio noi stessi: è fondamentale, allora, imparare ad essere consapevoli delle proprie peculiarità espressive e della propria gestualità tipica, in modo da poter valutare con consapevolezza se vi siano degli aspetti che sarebbe più opportuno modificare per acquisire un atteggiamento differente. Questo esercizio può rivelarsi particolarmente utile nella preparazione di un discorso, di una lezione o di una conferenza: stiliamo un sommario delle cose da dire ed esercitiamoci davanti alla telecamera ad esporre il nostro intervento, unendo alle parole un'opportuna gestualità corporea. Mentre rivediamo il filmato che abbiamo girato, prestiamo attenzione anche agli aspetti para-verbali che caratterizzano il nostro modo di esprimerci, che, come abbiamo visto, costituiscono un fattore altrettanto decisivo nella comunicazione non verbale.

Conclusione

Siamo arrivati alla fine di questo rapido percorso compiuto nel mondo della comunicazione non verbale: abbiamo considerato la tematica effettuando una veloce panoramica sui principali fattori e considerandone solo superficialmente gli elementi fondamentali; naturalmente non si consideri il tema, in alcun modo, esaurito: si tratta di un ambito al quale afferiscono diverse discipline, costituito sia da aspetti più spiccatamente biologici e genetici come anche da fattori antropologici, psicologici e culturali. Dello studio del linguaggio corporeo si occupano, infatti, in maniera trasversale, diverse scienze: dalla psicologia alle neuroscienze, dalla sociologia alla linguistica, dall'antropologia alle scienze cognitive. Si tratta di una tecnica che è anche un po' un'arte, e che si apprende e si perfeziona facendo interagire istinto naturale, studio e tanta esperienza: è una disciplina molto complessa ed ancora in corso di delineazione ed ampliamento; il suo futuro ed i suoi ulteriori sviluppi saranno certamente influenzati in maniera decisiva dall'apporto degli strumenti che la tecnologia saprà fornire, come anche dall'interscambio con le scienze che proprio in questi anni stanno esprimendo il proprio sconfinato potenziale, come le neuroscienze.

Il progresso scientifico ci consentirà, con tutta probabilità, di sviluppare una comprensione sempre più profonda e precisa del legame che unisce la nostra corporeità e la nostra mente, ampliando le possibilità di lettura del corpo inteso come espressione della mente e dell'interiorità. Tuttavia, per avvicinarsi "da profani" al linguaggio del corpo, traendone immediatamente benefici e vantaggi tangibili, non è richiesto un bagaglio stracolmo di competenze teoriche: scoprire le potenzialità della comunicazione non verbale è, infatti, un'esperienza che possiamo compiere tutti in prima persona, cominciando ad osservare con attenzione noi stessi e le persone che ci circondano, a valutare la natura delle relazioni che intessiamo con il mondo esterno ed la tipologia di reazioni che il nostro comportamento suscita nel prossimo. Avvicinarci alla comprensione del linguaggio del corpo si rivelerà illuminante, stimolante e soprattutto utile, a patto, naturalmente, di mantenere i piedi ben saldi a terra: non illudiamoci di poter leggere la mente altrui come se fosse un libro aperto; abbiamo ampiamente considerato la molteplicità dei fattori da valutare, la loro complessità e la profonda influenzata esercitata dai diversi contesti in cui si vengono a trovare. Gli esseri umani e la loro mente costituiscono, d'altronde, l'oggetto più difficile da studiare da parte della scienza: neanche i professionisti più esperti possono vantare la capacità di comprendere istantaneamente e perfettamente le emozioni altrui; d'altronde il mentalismo è solo un trucco.

In un'epoca come la nostra, contrassegnata da una progressiva ed apparentemente inesorabile perdita del contatto fisico nelle relazioni umane, riscoprire l'importanza e la centralità della comunicazione corporea, che, come abbiamo visto, costituisce la nostra forma di interazione più antica e più legata alla nostra dimensione biologica, può assumere una valenza di particolare rilievo; la maggior parte delle persone tende ad escludere questo aspetto dalla propria vita di relazione, basando i propri rapporti sul mero interscambio verbale, che il più delle volte avviene tramite mezzi impersonali, come i messaggi o le telefonate. C'è da chiedersi quale profondità emotiva possano raggiungere siffatti rapporti umani e quanta emozionalità rimanga preclusa da legami così superficiali ed effimeri. È proprio per questo che la riscoperta della dimensione della corporeità può costituirsi, oggigiorno, come una sorta di bussola, utile per conoscere le possibilità e le dinamiche proprie della relazionalità intersoggettiva e delle sue molteplici sfaccettature, al un livello che, oggigiorno, tendiamo a marginalizzare, quello del corpo; un livello che sarebbe necessario riscoprire, anche per ricordarci che l'uomo è un animale linguistico, sociale, politico ma innanzitutto un animale.

www.ingramcontent.com/pod-product-compliance
Lightning Source LLC
Chambersburg PA
CBHW030910080526
44589CB00010B/242